ゆらぐ親密圏とフェミニズム

グローバル時代のケア・労働・アイデンティティ

海妻径子
KAIZUMA KEIKO

コモンズ

もくじ ゆらぐ親密圏とフェミニズム

はじめに

「ジェンダー的に正しい」……奇妙な言い回しに思えるけれど、私が授業で接する大学生たちが、いつのまにかよく使っているフレーズだ。「男女平等推進の立場からは正しい方向性だとみなされている、ジェンダー研究の世界での、物事に対する考え方」くらいの意味らしい。たとえば、「映画館のレディース・デイの割引を、ラッキーって思ってしまうのは、『ジェンダー的に正しくない』ですか？」のように使われる。

学生たちからこのような質問を受けることは、本当に多い。ジェンダー研究、あるいはフェミニズムは、社会的正義の実現と切り離して考えられないがゆえに、どうしても「『何が正しい／正しくないのか』を決める議論」というイメージがつきまとう。だが、フェミニズムの中である種の「正解」が確定している問題など、ほとんどない。フェミニズムは、既存の言葉ではうまく語れなかった、ジェンダーをめぐる私たちの、もやもやとした疑問や悩みに形を与える言葉を生み出すことはできる。しかし、その言葉を用いての「何を正義と考え、どこに向かって歩んでいくべきか」という議論には、そうそう簡単な答えなどあるはずもない。

そして、社会的正義の実現と切り離せないがゆえに、ジェンダー研究やフェミニズムは日常生活とは縁遠い、社会政策やそれを運用する政治的・経済的エリート層にかかわる問題を扱うものだ、というイメージも根強い。だが、私からすると、社会政策や諸制度のマクロな変革議論もおもしろいけれど、通勤で車窓から見る景色や学生たちの就活の様子、繁華街の性風俗店の看板まで、フェミニズムを知らなかったころとは異なる様相で、日常生活が見えてくることにこそ、フェミニズムのおもしろさがある。

本書は、フェミニズムをとおして日常生活を見ていくと、どのような疑問や悩みがそこから浮かび上がるのかを、私自身の体験をもとに描いたものである。「どこにでも転がっているような、これほどまでに些細な日常の出来事を、こんなふうに考えてみたり、あんなふうに悩んでみたりするのも、フェミニズムなんだ」と思ってもらえたら、うれしい。同時に、そこからどのような「何を正義と考え、どこに向かって歩んでいくべきか」という議論がまき起こっているのかに、少しでも興味をもってもらえたら、さらにうれしく思う。

そのために本書では、具体的なエピソードについて、あえて主観的で感情的な表現も交えて、できるだけ平易な文章で描いた。あわせて、注釈もつけ、より考察を深めた議論としてはどのようなものがあるのかについての情報を載せるように配慮している。

ジェンダー研究者としての私は、「『何が正しい／正しくないのか』を決める議論」の答えを知っている人、と思われてしまうがゆえに、学生たちから「先生は日頃悩むことなんてあるんですか?」と尋ねられることすらある。もちろん、悩んでばかりである。とくにこの一五年あまりは、育児や介護に忙殺され、悩みがなかった日などあったろうか、とすら思う。

日常生活というものの多くは、私自身だけではなく、私にとって親密な者、齋藤純一の言葉を借りれば、私がその人への「生／生命―とくにその不安や困難―に対する関心／配慮」を、ときにそれを持つことが苦しくないと言えば嘘になりながらも、「ある程度持続的な関係性」のなかで持ち続けている相手とのあいだの、空間と時間の分かち合いとして営まれている。(1)こうした分かち合いの営みを、専門用語ではしばしば「親密圏」と呼ぶ。そこでは、もし私が誰も親密な者を持たなければ生じなかった悩み、私が独りきりであったら違う答えを出していたであろう疑問が、日々生み出されていく。

私にとって誰が親密な者なのかは、自明ではない。あるときには指導している学生たちが、またあるときには公園でかりそめの会話を交わしたホームレスの人びとが、それがどんなに苦しくてもむげに捨てることのできない関心を私に生じさせてしまう、抜き差しならない、私にとっての親密な者であった。また、私は東京と地方を往復する単身赴任生活を続けるなかで、グローバル化するメガロポリス東京だからこそ生じる問題と、地方にいるからこそ見えてくる問題の、両方に向き合わざるを得なかった。

私はそれらについて、本書でできるだけ幅広く取り上げたつもりである。ただし、抽象論ではなく私自身の体験にもとづいて語ろうとすれば、私の経験が乏しい問題については、それがフェミニズムや「親密圏」をめぐる問題としては重要であるとしても言及が難しかったという点を、断っておく必要があるだろう。

私は本書を、私の諸経験のうちの少なからぬ部分をもたらしてくれた大学生たちと、フェミニズムについて共に語り合う際の素材／入門書として用いることを想定しつつ、他方では遠距離介護のために乗る新幹線の車内や、発熱した子どもの診察の順番を待つ病院の待合室で、ページをめくる本ともなり得るように、こころがけて書いた。そのような人びとにとって本書が、誰も親密な者を持たなければ生じなかった悩みとの自らの苦闘を、フェミニズムを通じてどのように言語化すればよいのかの、見本のひとつになってくれればうれしい。

（1）齋藤純一編『親密圏のポリティクス』ナカニシヤ出版、二〇〇三年、二一三ページ。

二〇一六年三月

海妻径子

第1章 不安定労働の時代を生きる

1 はずれた「家族未来図」

＊地方経済の疲弊と単身赴任

一九六八年生まれの私が子どもの頃、二〇一〇年の人類は、宇宙ステーションに住んで、チューブに入った液体の食事を摂っているはずだった。

大阪万博（一九七〇年）の記憶はないが、沖縄海洋博（一九七五～七六年）のことは辛うじて覚えている私は、科学は進歩し、未来は常に輝きに向かうと、一時であれ素朴に信じることのできた最後の世代かもしれない。沖縄海洋博で海中に建てられた球体型施設は、学習雑誌のグラビアでしか見ていないけれど、そのいかにも未来的なデザインは幼な心に鮮烈に焼き付いた。もちろん、あの頃の学習雑誌に載っていた未来予想図の中で、実現したものもある。林立するタワーマンション、電気自動車。工場でつくられる野菜も、載っていた気がしなくもない。

林立するタワーマンションは、東京など大都市圏の風景だと思う人も多いだろう。だが、グローバリゼーションの波は、私が働く岩手県盛岡市にも訪れている。その影響が象徴的に現れているのが、駅のすぐ前に並ぶ何棟ものタワーマンションだ。一戸建てが足りないわけではない。ほんの少し郊外に足を延ばすだけで、広々とした農地をつぶし、雇用創出をも兼ねた宅地開発が生み出した、おびただしい一戸建て住宅が、「売り出し中」の旗をいつまでもはためかせている。それなのに、駅前のタワーマンションは、けっこう人気らしい。

一方、長引く不況の中で、全国規模の大企業は盛岡支社を閉鎖し、地元の中堅企業は岩手県内の盛岡以外の営業所を減らし、必要な業務は極力、ＩＴを使ったやり取りや出張ですませている。残った大企業も、人手をギリギリまでしぼりこみ、地元採用は増やさない。金曜日夕方の東京行き東北新幹線は、単身赴任のサラリーマンで埋め尽くされている。

あくまで推測にすぎないが、駅の目の前にあり、巨大な駐車場も完備されたタワーマンションが、岩手県内を東に西に飛び回って仕事をする出張族の住まいや、単身赴任族の「ウィークリーマンション」になっていても不思議ではない。仮にもしそうならば、グローバリゼーションによる地方経済の疲弊こそが、地方都市のタワーマンション群を生み出したことになる。幼い頃の私は、「輝ける豊かな未来の風景」としてしか、高層住宅群を想像しなかったのだけれど。

そして私自身も、駅前のタワーマンションにこそ住んではいないが、金曜日夕方の東京行き東北新幹線に座る、単身赴任族のひとりだ。「女性の単身赴任」というと、「キャリア女性の増加」「女性の経済的自立」などの華やかな言葉を思い浮かべる方も多いだろうが、私自身が単身赴任を選択した経緯は、そのような華やかさとは程遠い。

東京の大学院に進学して研究者をめざしたものの、卒業後も常勤職はみつからず、非常勤をいくつもかけもちする日々のあいだに、私は夫と出会い、出産した。子どもをかかえながら、研究書をゆっくり開く時間もなく、何か所もの学校を駆け回って勤務しても、年収は二〇〇万円を超えない日々が一〇年も続く。私は身体的にも精神的にも疲れ果てた。ようやく常勤職にありつけることになったとき、そのチャンスをむざむざ放棄することは、私にはできなかった。たとえ勤務地が夫・子どもが住む東京の地から、本州の二分の一ほど遠く離れていても。

もちろん、多くの女性は「単身赴任をする／しない」という選択をする以前の、さまざまな労働環境や労働条件の差別待遇に苦しんだり、育児・介護と仕事の両立困難から離職したりしている。だから、「女性の単身赴任」生活を続けることのできている私は、「恵まれた少数派」であることは、たとえ実感が湧かなくとも確かだ。日本は三〇〇万人を超える「有配偶単身赴任者」が存在する、良くも悪くも「単身赴任王国」であるが、「女性の有配偶単身赴任者」は二一世紀となった近年においても、一〇〇〇人にも満たない数にとどまっている。[1]

＊見えない「女性の貧困」

思い返せば一九八〇年代末に私が大学生だった頃、二一世紀の家族は、自立した個人同士の愛情の交流の場へ純化しているはずだ、と教わった。当時は、男女雇用機会均等法施行直後の熱気とバブル景気があいまって、「女の時代」という言葉が流行語になっていた。男性と同じ経済力を持つ女性は増加の一途をたどるだろうし、その流れは止められない。そうした認識が、肯定的な文脈であれ否定的な文脈であれ、常識のように語られていた。

経済力を持った女性は「愛は冷めたけど、食わせてもらうために夫と暮らす」みたいな結婚生活を続けなくなるだろうから、離婚は増え、生まれてはすぐに消える流動的な家族関係が当たり前になっていくだろう。こうした見方は、一般向けのジャーナリズムだけではなく、大学の授業で習う「家族社会学」の世界でも、それなりに強かった。総合職女性の転勤・単身赴任の増加によって、「遠距離週末婚（コミューター・マリッジ）」もごく普通の現象になっている、と予想されていたように思う。

だが、現実には、バブル崩壊の後、長引く不況と格差社会化の中で、一握りの「勝ち組」を除き、女性の多くはむしろ貧困化していった。

先日私は、岩手県内を巡回して育児相談にのる仕事をしている知人から、ある地域の家族に関する話を聞いた。大企業が撤退し、細々とした漁業くらいしか産業がなくなってしまったその地域では、止まらない人口流出のために、小学校は一校か二校しかなくなり、しかも一学年一クラスがやっとである。そして、そのクラスの半分近くが、離婚した母親が子連れで実家に身を寄せている家庭の子弟だという。

低賃金で非正規の仕事にしか、なかなか就けないいまの女性の雇用環境では、子どもをひとりで養っていくことは困難だ。子どもがたびたび熱を出せば、それだけでクビを切られることも珍しくない。

せめて住宅費を浮かせたいとか、自分の親に子どもの世話をしてもらえれば、クビにならずに仕事ができると考え、女性たちは実家を頼っていく。しかし、実家のある町もまた、グローバル経済のあおりを受け斜陽化しており、就ける仕事はなかなか見つからない。町全体を覆う閉塞感の中で育つ子どもたちに、どんなふうに自分の未来に夢や希望を抱いてもらうか……。それが育児相談をするうえでの大きな課題なのだ、と知人は言う。

だが、このような「女性の貧困」は、必ずしも私たちの目に見えてきているわけではない。二〇〇八年末に「年越し派遣村」が開設されてマスコミの注目を浴びたとき、それを報じるTVニュースに映し出された失業者・困窮者の姿の多くは、男性であった。

このことをきっかけとしてフェミニズム界隈では、「さまざまな統計データからも、政府の新自由主義政策によって貧困化したのはむしろ女性のほうであるのは明らかなのに、女性の貧困はなぜ〝見えない〟のだろう?」ということが話題になった。その理由として指摘されたのは、「路上生活者の世界もまた、性暴力や性差別から自由ではない」ことだ。だから、貧困女性は「路上」にではなく、別のところへ行こうとする。知人が話してくれたような、地方の、家族の中へ。私たちに女性の貧困が「見えない」とすれば、それは私たちが「家族」を見ていない、ということではないのだろうか。

社会の変化や矛盾は、「家族」にも、あるいは「家族」にこそ、さまざまなしわよせや影響をもたらす。にもかかわらず、グローバリゼーション以降、「家族」に起こった変化——私が大学生の頃に習った「二一世紀の家族」論が捉え切れていなかったもの――は、いまなお十分に論じられていないように思えてならない。女性の貧困をはじめ、「いま私たちの社会にあるはずなのに、見えない」さまざまな問題があるとすれば、それらは私たちが「家族」の問題を捉えられていないから、見えなくなっているのではないだろうか。

＊ドラマ『Woman』が描かなかったもの

もちろん、女性の貧困に注目する動きがないわけではない。たとえば二〇一三年には、こう謳うドラマ『Woman』が、日本テレビ系列で放映され、話題となった。

「全国で一〇〇万人を超えると言われるシングルマザー。／彼女たちの平均年収は二〇〇万円余り。／(略)そんな過酷な経済状況で、ひとり子育てする彼女たちの／(略)生き様を描く」(2)

徒労感・屈辱感を覚えずにはいられない福祉窓口職員とのやりとりや、周囲からの偏見、児童虐待をしてしまいそうな自分自身への恐怖など、シングルマザーを取り巻く厳しい現実を描こうとするシーンが、このドラマには散りばめられてはいた。だが、最終的にストーリーは、「難病の克服」や「親子の葛藤と和解」という、主人公をシングルマザーに設定しなくとも描けそうな、ありがちな展開へと収斂してしまったと、私には感じられた。

実は、『Woman』の主人公と不仲の母親が再婚して持った所帯であり、ドラマ後半で主人公が子連れで身を寄せることになる、下町の「テーラー(仕立て屋)ウエスギ」のロケ地は、偶然にも私が娘を育てた、東京都内のとある地域だ。すぐ裏手に娘の遊び仲間の家があった並木道で、主人公とその子どもたちが駆けっこをしていたり、幼い頃の娘が山車の引き手に参加させてもらっていた地域の氏神祭りが、そのままドラマのワンシーンに登場していたりした。しかし、娘が通っていた公立保育所の建物は、ドラマには登場しない。行政の財政削減の対象となり、閉鎖され、取り壊されてしまったからである。

小泉政権が「待機児童ゼロ作戦」を標榜して以来、歴代政権が待機児童問題解消への取り組みを盛んにアピールしてきたため、保育所は増設されるばかりであるかのような印象を持っている人もいるだろう。だが、一九九〇年代末から二〇〇〇年代初頭にかけて、保育所経営への民間業者参入を容易にするための規制緩和が進む陰で、それら新設の民営保育所へと子どもたちを移して公立保育所を閉鎖していった自治体は、少なくない。

私の娘が通っていた公立保育所でも、子どもたちは付近に開設する民営保育所へ移れる、との条件が行政から提示されたが、シングルマザーをはじめとして収入の少ない親たちは不安を訴えた。民営保育所では、単親世帯や低所得層への優先入所措置や保育料減免措置が今後も確実に行われる保証はなく、安心して子どもを預け続けていけなくなるのではないか、と。

何度かの地域説明会、親同士の意見交換会、行政との交渉の末に、公立保育所の閉鎖と民営保育所への移管が決着したが、そのプロセスは、同じ地域に住む者のあいだの利害の対立や、親同士の連帯の難しさを感じざるを得ない、厳しいものだった。地域住民のうちとりわけ高齢者は、民営保育所が高齢者介護施設との複合施設として計画されたこともあり、民営化をむしろ歓迎した。あえて低所得層には通わせづらい民営保育所へと変更することで、この地域に引っ越してくる働き盛り・子育て世代の収入階層が上がれば、自治体の税収も上がり、ひいては高齢者への福祉サービスの拡充も望める。そんな考えをほのめかす人もいた。

なかでも、私がいまもはっきりと覚えているのは、親同士の意見交換会で、民営化推進派の母親のひとりが涙声で切々と述べた次のような言葉だ。

「私はこの保育所に子どもを預けるために、一年前に他の地域からわざわざ引っ越して来ました。『この保育所は近いうちに民営化される予定であり、民営化後は延長保育時間が二一時まで延びる』という情報を聞いたからです。それなのに一年近く経っても、まだ民営化されず、延長保育も一九時までしか預かってくれない。これでは私は仕事を続けていけないんです。お願いだから、いますぐにでも民営化して欲しい」

二一時まで残業しないとクビにされてしまうような、「男並み」の働き方をする「勝ち組女性」の声などにまで耳を傾ける必要はない、と言ってしまうのは、たやすい。だが、彼女のような人たちが一人でも多く、育児期間も己のキャリアを守り抜き、「独りでも子どもを育てていける収入」を得られる職に就く女性たちの存在が当たり前にならなければ、ドラマ『Woman』が描いたシングルマザーの困窮が再生産され続けることにもなる。

延長保育へのニーズと、公営保育による低所得層に対する保育保証要求とは、本来対立するものではないはずだ。ところが、あたかも公立保育所を削減しなければ延長保育は実現困難であるかのような捉え方から抜け出せないまま、女性たちは連帯できず、その間隙を突くようにして民営化は進められた。専門職であるにもかかわらず「独りでも子どもを育てていける収入」とはほど遠い労働条件の、非正規雇用の女性保育士たちを増やすかたちで。

シングルマザーが生きやすい社会がなかなか実現できないのは、経済力を持った女性たちが流動的な家族関係をつくっては解消する「二一世紀の家族未来図」にいまだ到達できないからではなく、誰をも温かく受け入れる「懐かしき下町の風景」が失われつつあるからでもない。それなのに、いまだに家族、あるいは「親密圏」をめぐる議論は、相変わらずふたつの絵図のいずれかを、目指すべき方向性として描き出すにとどまっているのではないだろうか。

いま人びとが、暮らし、子どもを育て、親密な者を看取り、老いていく、生活の場のありようは、そのふたつの絵図のいずれにも描かれてこなかった、葛藤と矛盾に陥っている。グローバリゼーションは、地方経済を疲弊させつつも女性単身赴任族を生み出し、公立保育を縮小させてシングルマザーを一層困窮させつつ、総合職女性の労働の長時間化の流れを加速させていく。「勝ち組」に見える女性もそうでない女性も、皆が不安をかかえ、弱者と弱者が福祉の限られたパイをめぐって対立させられる、不安定労働の時代。この時代に即した、きめこまかい「親密圏」論を、つくり出していく必要があるのではないだろうか。

（１）そもそも単身赴任者に関する、全国規模のジェンダー統計自体がほとんど存在しないことをまず指摘しておきたい。数少ない統計のひとつに厚生労働省『平成一六年度就労条件総合調査』があり、それによると常用労働者三〇人以上の民間企業における有配偶単身赴任者数は三一七万人で、うち女性は九〇〇人だ。ただし、同調査の数値は、約五三〇〇の企業に対する標本調査をもとにした推計値である。また、民間企業が対象のため、公務員における単身赴任者は含まれていない。

（２）日本テレビＨＰに掲載された「『Woman』イントロダクション」(http://www.ntv.co.jp/woman2013/introduction/index.html) より引用。

2 「在宅ワーク」は「仕事と家庭の両立」か？

＊割れたキーボードと赤い類

娘がまだ二歳か三歳の頃、私は常勤の研究職には就けず、短大や専門学校など七～八校の非常勤講師、大学事務、通信教材の添削などの仕事をかけもちしながら暮らしていた。いずれの仕事も不安定で、急に山のような量の仕事が舞い込むかと思えば、何の予告もなく契約を打ち切られることもしばしばだった。

いまある仕事がいつ首にされるかわからない以上、舞い込む仕事はすべからく引き受けなければ不安だった。それぞれの仕事の繁忙期はしばしば重なったが、もし職歴に空白期間ができてしまったら、あるいは研究費を捻出することができなくなったら、常勤への就職の道は閉ざされてしまうだろう。自宅は小さなオフィスと化し、採点しなければならない通信添削の答案が詰まった段ボールが何箱も山積みされた。私は何時間も机に向かって、授業の資料をつくり、持ち帰った事務書類を処理した。

だが、仕事の締め切りが重なっているときに限って、娘は熱を出した。娘が眠っている間に仕事を片づけようとしても、娘はたびたび目を覚ましては「ママ、ママ」と泣いた。娘を不慣に思い、水を飲ませてやったり氷枕を取り替えてやったりしながらも、締め切りの迫る仕事のこともまた、錯乱しそうなほど気になっていた。

そんなとき、参加していたある研究プロジェクトの経費を使って、中古のノートパソコンを買わせてもらうことができた。その頃はまだ、ノートパソコンは新品であれば二〇万円台が主流で、月収が一〇万円を超えることすらなかなかできない私には、とても手が届く買い物ではない。その研究プロジェクトの事務作業を一手に引き受けていた私に、プロジェクトの代表研究者だったA氏が「事務を引き受けてくれているんだから、必要なものがあったら遠慮なく経費で購入してくれてよいんだよ」と言ってくれなければ、少なくともあと四、五年は、購入できずにいただろう。

とはいえ、五万円が経費で購入できる上限だったので、中古パソコンショップに置いてある最も旧型を四万円少々で購入した。あまりにも旧型でプラスチックが劣化していたのか、使い始めてすぐにキーの一部にひびが入ったが、ビニールテープを貼って補強したら、とくに支障もなく使い続けることができた。私は、娘が熱を出し「ママ、ママ」と呼ぶたびに、このノートパソコンを寝室に持ち込んで、娘に添い寝をした。熱っぽい娘の手が、私の服の中に伸び、おっぱいをまさぐる。私は、小さな手が動くままにさせ、左手で娘の背中をさすりながら、枕元に置いたノートパソコンのキーボードを右手で叩き、授業資料や事務書類を書き上げていった。

そのパソコンは、いまでも私の手元にある。当時ですら旧型だったそれを、いま使うことはさすがにない。だが、捨てることもまた、私にはしばらくできそうにない。私はそれを見るたびに、熱で上気した娘の赤い頬と、おっぱいをまさぐっていた小さな手の感触を思い出す。

＊トイレにも行けない在宅ワーク

周囲を見渡してみると、保育所や小学校で親しくなった娘の同級生の母親たちの中には、「在宅ワーク」に就いている人が少なくなかった。ビーズやメッキの金具などを組み立てるような、いわゆる「内職」的な仕事をしている人もいないわけではなかったが、むしろ目立つのは、パソコンや電話を使用してのテレワークの仕事だ(1)。

Bちゃんのママも、そんな「在宅ワーク」をしている一人だった。私が家を空ける仕事をしていると、娘の友達が私の家に入り浸りになることはほとんどなくて、どうしても娘ばかりが友達宅に入り浸りがちになる。

「うちの子が、そちらのお宅にしょっちゅうお邪魔してしまって……ごめんなさい」

謝る私に、彼女は笑いながら言った。

「ううん、私が仕事で家を空けられないときがあるから、家に遊びに来てくれるほうが逆に都合がいいの」

彼女は「お客様からの問い合わせにはオペレーターが二四時間対応します」というのが売り

の、某生命保険会社のテレワークをやっていた。聞けば、そもそも「二四時間対応のオペレーター」といっても、実際にはＣＭの映像とは異なり、オペレーター・ルームが二四時間オープンしているわけではない。オペレーターたちの自宅に、客からの電話が転送され、各オペレーターはその電話に対応しながら、会社から貸与されているパソコンを使って対応内容を業務日誌ソフトに打ち込み、メールで会社に送信して報告するしくみになっているのだという。

だが、Ｂちゃんのママが就いていたのは、このような「在宅オペレーター」の仕事ですらなかった。何百人という「在宅オペレーター」たちから刻々と寄せられる質問に対して、各種マニュアルや約款で回答を調べては、片っ端から返信していく、というものだった。オペレーターたちは、どう回答してよいか不明な質問が来た場合、客からの電話に「少々お待ちくださいませ」などと口調さわやかに対応し続けながら、手元のキーボードを急いで叩き、ＢちゃんのママのようなＢ仕事をしている人へ、照会のメールを送信するのだ。いわば「『在宅テレワーカーの仕事のサポートをする』在宅テレワーカー」というのが、彼女の仕事だった。

忙しいときには、毎分数件ものペースで照会メールが届くという、働く人が消耗してしまう仕事なので、数時間単位でシフトが組まれている。家事が忙しくない時間帯や、子どもが寝付いた後の時間帯にシフトを入れて働くことができるのが魅力だ、と彼女は言った。しかし、シフトに就いている間は、パソコンが置いてある自宅から外出はおろか、トイレに行くこともままならないときすらあるのだという。

＊在宅テレワーカー一〇〇〇万人時代

政府は二〇一〇年、在宅ワークを「育児や介護と両立可能な仕事」と位置づけ、「二〇一五年までに在宅テレワーカーを七〇〇万人まで拡大させる」方針を示した。(2) 女性の地位向上に関する政府目標の多くが達成困難な中、(3) この目標だけは雇用不安定化の波に乗り、前倒しで達成された。二〇一二年度の在宅テレワーカー人口は約九三〇万人、前年度に比べ倍増している、という。うち女性は約三一四万人を占め、前年度比増加率は二・六倍で男性より大きい。(4)「在宅テレワーカー一〇〇〇万人時代」への突入も近いだろう。

そして、ほかならぬこの私も、在宅ワーク拡大に手を染めつつある。私の勤務する大学をはじめ、現在全国各地の大学・研究機関では、女性研究者を増加させるための文部科学省のプログラムに参加している。私もまた教員のひとりとして、このプログラムに関連する仕事の一部に関与してきた。(5)

このプログラムの一環として、一部の大学で導入されつつあるのが、在宅勤務を可能にするさまざまなシステムだ。Ｗｅｂカメラで実験室の様子を女性研究者の自宅に中継し、インターネット電話で助手に指示を出して実験を行えるようにする「遠隔実験システム」。女性教員が自宅で講義する様子を、教室に座る学生たちにネットで中継する「遠隔授業システム」。教授会もＴＶ会議で行う、各種事務手続きもネット処理で可能にしていく……。

私の勤務する大学でも、ほとんどの書類はネット上で処理できるようになった。苦労して職場に足を運ばなくてもすむこのシステムを利用して私は、脳梗塞で倒れた父親を病院に連れて行くことができたり、子どもの授業参観に出席できたりしている。このシステムを大いに利用し、そして機会あるごとに「在宅でも勤務できるシステムの拡大を！」と職場で訴えながらも、胸の奥底では「これでいいのだろうか？」という気持ちが渦を巻くのを、おさえることができない。

そんな気持ちにおそわれるのは、たとえば、病院の待合室で検査中の父親を待ちながら、携帯に転送される職場メールをチェックして、「○○の書類が未提出です。ネット上で処理可能ですので、至急提出をお願いします」という、事務からの督促をいくつも見つけてしまうようなときだ。これが「仕事と家庭の両立」なのだろうか？　シフトの時間が終わると同時にトイレに駆け込むＢちゃんのママや、発熱した子どもをおっぱいにぶら下げて身を横たえ、出産直後の雌犬のような姿勢でパソコンを叩いていた昔の私は、果たして「仕事と家庭を両立」させていたのだろうか？

＊在宅者にしわ寄せがいくケア負担

このように在宅ワークは、知らぬ間に長時間労働になりがちだ、と言われる。だが「仕事」の負担が増えがちになる以上に、「家庭」の負担が増えがちになることのほうが、在宅ワークの弊害として深刻なのではないだろうか。

自宅を離れて職場に行かねばならなかったり、遠方の会場で開催される研究会に出席しなければならないことは、負担といえば負担だが、物理的に「家庭」から離れざるを得ない、ということでもある。だから、「家庭」の負担は引き受けようとしても引き受けられない。そのように「家庭」の負担が引き受けられなければ、周囲との軋轢を生んだり、部屋が散らかるなどの「生活の質の低下」をもたらしたりはするだろう。しかし同時に、「家庭」の負担の際限ない増大を確実に免れ得る、ということでもある。(6)

それを痛感させられたのは、午後四時半に小学校から帰ってくるなり、友達と遊びに出ようとする娘を呼び止めて、

「ママは今日、六時までに行かなくちゃいけない、お仕事の集まりがあるの」

と切り出さねばならなかった、ある日のできことだ。

「集まりが終わる時間は九時だから、〇〇ちゃんもママと一緒にそこに行って、隅のほうでお弁当を食べていてくれる?」

「いいけど…」

「だから、いまからお友達と遊んでもいいけど、五時には家に戻ってきてね。」

「えーっ、三〇分しかお友達と遊んじゃダメなの?!」

ふくれっ面をした娘が、次の瞬間に、よいことを思いついた、という顔をする。

「お留守番しているよ、私」

「えっ、大丈夫なの？」

「うん。その代わり、お友達を家に呼んでもいいでしょ？」

「うーん。『親のいないお宅に上がり込んで、小学生だけで遊ぶのはやめましょう』っていうのが、学校の先生やママたちの間でのお約束なんだけどな」

そう言いながらも、つい数週間前にも、友達と遊びたがる娘を説得して、とある研究会に同伴したことが頭をかすめる。

「じゃあ、今回は特別ね。お友達には遅くても六時か六時半にはお家に帰ってもらうのよ。お友達のパパやママが心配するから」

だが、夜七時頃になると、研究会に参加中の私の携帯に娘から電話が入った。

「ママ、Ｃちゃんの家にいるんだけど、お夕飯ごちそうになってきていい？」

いつの間に娘は、Ｃちゃんの家に上がり込んだのだろうか。あの家で娘が夕飯を食べさせてもらうのは、もう何度目だろう。

Ｃちゃんのママは、ラーメン屋のパートやら、派遣社員やら、いろいろな仕事を転々としているので、いまの仕事が何なのかはいまひとつはっきりしない。離婚以来、心労のせいか体を壊しがちなので、最近はもっぱら家にいてできる仕事をしているようだ。

「気にしないで、うちの子に夕飯つくるついでなんだからさ。大変ねえ、今日もこんな遅くまで仕事なんて」

電話口に出たCちゃんのママの声は明るいが、私はひたすら恐縮してしまう。

＊新たな性別分業？

子どもたちには子どもたちの固有の時間や人間関係というものがあり、そこでしか得られない経験がある。親の仕事場に子どもを連れ歩くことを私は悪いとは思わないし、実際に頻繁に実行してもいるのだが、それが一面では、娘が友人たちと遊び、その中でさまざまな経験を積むことを奪い取っているとも、痛切に思う。また、仕事場に連れて行かないということは、Cちゃんのママや B ちゃんのママのような、在宅で仕事をしている女性たちの負担をいくばくかなりとも増やしていることから、目をそらすことはできない(7)。

Cちゃん宅に娘を迎えにいくときに、おわびに何か手土産を持っていこう。前回お世話になったときはデパ地下で買ったお惣菜を持っていったけど、今日の帰宅は九時過ぎるから、もうデパートは閉まっている……。そんなことを考えながら、まるで私は、「妻に家事育児を押し付けて、帰宅が遅くなるとお土産を買って帰る残業続きのパパ」みたいだな、と自己嫌悪に陥る。

「大変ねえ、今日もこんな遅くまで仕事なんて」というCちゃんのママの言葉が蘇る。仕事というか、正確には「研究会への参加」なのだけど……。これは、いったい「仕事」なのだろうか？　どこまでが「仕事」なのだろう？　こんな「仕事」のために、私は家を離れて、寝たり起きたりのCちゃんのママや、トイレにもろくすっぽ行けないBちゃんのママに、うちの娘の夕飯をつくらせていてもよいのだろうか？

「在宅ワークは、仕事と家庭を両立したい女性の選択肢を増やす」などと言うけれど、「『男、および男と同じように外で働く女』と『女、および女と同じようにケアをかかえ在宅でしか働けない男』の新たな性別分業」を、つくり出しているだけなのではないのか？　境目のない「仕事」と「家庭」の波間に溺れてしまいそうな自分を感じながら、研究会終了の合図と同時に私は、小走りで会場を後にする。

（1）在宅ワーカーには、いわゆる手内職での工場部品製作のような旧来型の働き方をしている人も含まれている。在宅ワーカーのうち、ITなどの通信機器を使用して仕事をしている者を、在宅テレワーカーと呼ぶ。在宅テレワーカーには、一時期「SOHO」などの呼び名で注目を浴びた、システムエンジニアなどの比較的専門性の高い起業自営型も含まれる。だが、急増する女性在宅テレワーカーのほとんどは、雇用型である(国土交通省『平成二四年度テレワーク人口実態調査―調査結果の概要―』二〇一三年四月)。

（2）高度情報通信ネットワーク社会推進戦略本部『新たな情報通信技術戦略』二〇一〇年五月。なお、ケアと両立可能な仕事としてテレワーク拡大の方針が示されたのは、「多様な機会のある社会」推進会議による二〇〇六年の『再チャレンジ支援総合プラン』にさかのぼる。

（3）内閣府男女共同参画局『第三次男女共同参画基本計画における成果目標の動向』（二〇一三年一〇月）をみると、とりわけ政治や管理職への女性登用、出産期女性の就業継続、保育サービスの充実に関する指標での低調ぶりが目立つ。

（4）（1）参照。

（5）研究者における女性比率は、ロシア・東欧が四〇％台、英米・北欧諸国が三〇％台、フランスやドイツなど中央ヨーロッパで二〇％台を占めているのに対し、日本は一四％にとどまり、隣国である韓国の一六・七％よりも低い（内閣府男女共同参画局『男女共同参画白書平成二五年版』）。このような状況を改善すべく、二〇〇六年から文部科学省は科学技術振興機構（ＪＳＴ）に委託し、女性研究者支援プログラムを行う大学への助成事業を開始した。どのようなプログラムが行われてきたかについては、ＪＳＴのＨＰ（http://www.jst.go.jp/shincho/program/woman_ken.html）で概要をみることができる。

（6）マリアローザ・ダラ・コスタは、女性の雇用労働者化を、家父長制の農村において女性が強いられる際限のない過重労働（農作業と家事労働）に対する「労働の拒否」であった、と述べている（伊田久美子・伊藤公雄訳『家事労働に賃金を――フェミニズムの新たな展望』インパクト出版会、一九九七年）。一般には「就労女性の増加」現象として語られやすい雇用労働者化を、「労働の拒否」として捉えるこの議論は、物理的に「在宅ではない」状態にならないかぎり、際限ない家事労働を拒否することがいかに困難かを、鋭く指摘している。

（7）子連れ出勤の是非をめぐって行われた、いわゆる「アグネス論争」（一九八七〜八八年）で欠けていたのは、このような「地域における、子ども固有の育ちの時間」を、誰がどのように子どもに保障していく責を負うべきかという論点、および、その保障負担が在宅の女性に偏りがちになる問題をどう是正していくことができるのか、という論点だったのではないだろうか。アグネス論争については、妙木忍『女性同士の争いはなぜ起こるのか——主婦論争の誕生と終焉』（青土社、二〇〇九年）などを参照。

3 ヘゲモニーは親密圏でつくられる

＊おうちカフェ

学生時代の友人には、こまめにフェイスブックを更新する者が多い。「お花を生けたよ」「凝った夕食をつくってみました」「子どもの習い事でのハプニング」などなど、短文を添えた写真が、次々にページに加えられていく。同窓会のような場ではわざわざ報告されることがない、日常の些事を共有することで、私は彼女たちとともに、いまでも学生時代を過ごしているかのような気分になる。

友人たちが花を生けたり料理に凝ったりしている記事を見ると、忙しさにかまけて最低限の家事すらおろそかな自らの日常を反省し、もう少し生活を楽しむゆとりを持たなくては、とも思えてくる。友人たちのライフスタイルはシングルから共稼ぎ、専業主婦までさまざまだが、それぞれ多忙な仕事や小さい子どもの世話に追われており、フェイスブックへ写真をアップすることで、忙しさに流されがちな生活に、時折はずみをつけているようにみえる。

日常生活の質に関心を持ち続けるということは、実は大変なのだ。家族を亡くしたり、職を失ったりすると、「生活が荒む」とよく指摘される。そこまでの経験をしなくとも、少し仕事が忙しくなったり子どもが熱を出すだけで、気がつくと部屋の中は引越し直後のように乱雑で、飾り気がなくなる。カーテンレールに引っかけたピンチ（洗濯バサミ）から乾いた洗濯物をはずして直接身に着け、ごみ箱にはインスタント食品の袋が目立つようになる。

限定的であれ「他人」の目に私的な生活の場をさらすというのは、実は多くの人がときに無自覚に、自らの日常生活の質を保ち回復するための行為である。つまり、ふだん自分とは生活を共有していない者に対し、あえて生活の場を展示することで、「展示に耐えうる生活の質」の維持に対する自らの意欲を、かきたてようとするのだ。私の友人たちのフェイスブックへの写真掲載もそうであるし、定期的にホームパーティーを開くことが「整理整頓の行き届いた家」を維持するためのコツだ、と述べる記事は、主婦向け雑誌などにたびたび載っている。

おもしろいのは、最近の若い世代の主婦向け雑誌に、「おうちカフェ」と呼ばれる特集が組まれることだ。「おうちカフェ」とは、おしゃれなカフェのように、長居したくなる居心地の良さと、生活臭の漂わないセンスの良さが同時に感じられるインテリアでしつらえられた家を指す。だが、インテリアだけが条件にあてはまっても、「おうちカフェ」とはならない。

来訪する友人に出すお茶菓子やお手拭なども、おしゃれなカフェで出されるそれらのように、味や見た目のセンスは良いが、容器や盛り付けなどにはある種の合理性があって、少人数の店員でも切り盛りできる隠された工夫に満ちている……。そのような日常生活の切り盛りのしかたの総体を、「おうちカフェ」と呼ぶのである。

私生活の場として必要な居心地の良さと、少人数の担い手でも切り盛りできる合理性との理想的な合体を、カフェという資本主義における営利活動の場に見出しているわけだ。カフェがもつ「客への展示に耐えうるセンスの良さ」が、来訪する友人などの「他人の目」を借りつつ私たちが維持しようとする日常生活の質の、ひとつのお手本になっているのである。

＊車中で眠る病児たち

私生活というものを資本主義に対抗的な論理で構成された場とみなす主張は少なくないが、私はそのような主張に、かなり懐疑的だ。おうちカフェの例でわかるように、私生活と呼ばれるものから生まれた「居心地の良さ」はいくらでも資本主義的な商品化をされていくし、逆に資本主義の世界で練磨された合理的サービスのやり方は、少人数での運営のスマートなノウハウとして活発に私生活に採り入れられていく。すべての家庭がオーガニックフードを出すおしゃれなスロー・カフェのようになったら、私たちは資本主義を乗り越えたのだろうか、それとも飲み込まれたのだろうか。

だからといって、もはや「資本主義的な生産の場」と私生活との明確な区分は存在しないのだ、と言い切ってしまうことにも、私は慎重でありたいと思っている。労働のサービス化が進み、「お客様のことを二四時間考え、お客様のニーズには二四時間いつでも柔軟に対応する」のがあるべき労働者の姿とされるような、いわゆるポスト・フォーディズム社会においては、生それ自体が労働なのだ、という議論がある。[1]だが、本当に家族とそれ以外の領域との境界は完全に溶解したのだろうか。家族を「家族」として囲い込むことにより、女性たちにケア労働が偏り、ＤＶが不可視化されてきた構造は、変わったのだろうか。

こういう疑問を発する私の念頭にあるのは、託児ボランティアをしている知人に聞いた岩手県内での実話だ。新型インフルエンザが流行ったある年の冬、病児保育施設はわずかしかないため、たくさんの女性たちが熱のある子どもを自家用車に寝かせ、職場の駐車場に止めて仕事をしたという。一酸化炭素中毒がこわいのでエンジンは切っておくから、車内に暖房はつかない。ありったけの毛布で子どもをくるみ、ときどきトイレ休憩を装って子どもの様子を見ては、女性たちは仕事に戻る。

「お客様のニーズには二四時間いつでも柔軟に対応する」ポスト・フォーディズム社会の労働の究極の姿のようにも思えるが、それでもなお、子どもを連れ歩く親の多くが母親なのはなぜなのか。本当に「家族と工場との境界はもはやない」のだとしたら、なぜ女性たちは、自動車の中で寝る子どもたちを職場の建物の中に連れて行けないのか。

「工場」が私生活の内部に浸潤してくる働き方、たとえば在宅テレワーカーの女性が、子どもの看病をしながらコールセンターから転送されてくるクレーム電話に応対する、というような働き方と、「工場」に家族を持ち込む（が、持ち込み切れない）働き方、すなわち職場の駐車場に病気の子どもを寝かせておく女性の働き方。両者のあいだの差異は、どこから生まれるのだろうか。それをつくり出す力学を見ずに、もはや生それ自体が労働であり「工場」なのだと、簡単に言い切ってしまって、よいのだろうか。

そして皮肉なことに、「おうちカフェ」は近年の若い女性たちがいだく、「工場に浸潤されていない、ゆとりある私生活」というものについての、代表的なイメージのひとつなのだ。最近、若い女性の「専業主婦志向」が話題となり、(2)新自由主義改革に伴う労働条件の劣悪化が女性たちに就労への意欲を失わせているのではないかと話題になった。「専業主婦になれるという幸運」にあこがれる、低賃金不安定労働にあえぐ若い女性たちが自らへの癒しとして読む雑誌記事があるとすれば、それはおそらく、商社マンの妻の豪奢だが多くの人には縁遠い海外生活についてではない。

無造作なお団子ヘアに木綿の白いロング・ワンピースを着た「読モ(読者モデル)主婦」が登場し、「かわいい雑貨だけをそろえていけば、一〇〇円ショップグッズでも『おうちカフェ』はつくれます」と謳う、自分にも手が届くライフスタイルについての特集を、彼女たちは読みたがるのではないだろうか。そうだとすれば、それは、「『資本主義的労働』から撤退し、荒んでいない私生活を営む」ということについてのイメージを、いかに私たちが資本主義的消費(それがどんなに廉価でささやかなものであれ)から、無縁のかたちでは持てなくなってしまっているかということを、私たちに突きつけてもいるのではないか。

＊消費ノルム

レギュラシオンという経済学派(3)が用いる「消費ノルム」という概念がある。私たちは日々広告によって消費意欲を喚起させられているが、意欲をそそられるまま手当たりしだいに商品を購入するわけではない。私たちのあいだには「この商品については、他の商品に比べて優先して購入するべき」「このサービスについては、家計に余裕がなくても、できるかぎり購入を維持しなければならない」などのノルム（規範）が形成されている。

私たちは当たり前のように、体に必要な栄養素が含まれているとされる食品の購入を菓子などの嗜好食品の購入よりも優先すべきと考え、教育費は多少家計が苦しくても維持しようとし、冷蔵庫を持つ家庭を「ぜいたくだ」とは非難しない。それらは、私たちが消費ノルムに照らしてとっている判断や行動なのである。

消費ノルムは社会的な規範であるから、固定的ではなく時代や地域により変わる。いくらテクノロジーの変化が画期的な新商品を生み出しても、その購入が新たな消費ノルムへ組み込まれなければ、「誰もがつねに必ず所有している必需商品」とはならない。

逆に、消費ノルムで購入が当然とされるものを、「私個人はそれが欲しくないから」と購入せずにいることは、さまざまな社会的軋轢や生活上の支障を生むことになる。子どもの学校からの「災害非難等の緊急連絡」ですら、携帯にメール配信される今日、「私は携帯は買わない主義なので」と突っぱねる親は、「子どもの安否が心配ではないのかしら」と他の親から陰口をたたかれる。洗濯機や冷蔵庫は、その購入が高度経済成長期の日本において消費ノルムに新たに加わった代表的商品である、とされる。

消費ノルムは、一方では無軌道な消費を抑制するので、利潤を最大限に拡大しようとする市場原理主義とは相容れない面も持つ。私たちが消費ノルムなど持たず、広告にそそられるまま商品を次から次に購入したほうが、資本主義には都合が良さそうに思えるが、それでは人びとの経済的破滅とともに、あっという間に資本主義自体も終焉してしまう。

私たちが消費ノルムにもとづいた「適度で持続的な消費」を行うことは、危機を回避でき資本主義の継続的展開が可能になるという点で、資本側からみてもメリットがある。また、労働者側からすれば、消費ノルムがあることで、「平均的な働き方をしている労働者が、このくらいの商品を購入できる給料をもらえないのは、常識的におかしいでしょう?」と主張しやすくなる。資本主義とはこのような消費ノルムをはじめとする、さまざまな労資間の暗黙の「妥協」が締結されつつ展開しているものなのだ、と考えるのがレギュラシオン学派の見方である。

商品経済の世界に生きるかぎり、消費ノルムの内面化抜きに日常生活の質に関心を持ち続けることは難しい。どんなに「脱力・ナチュラル志向」「おうちにお籠り系」であり、「『カフェインドリンクを飲んででも長時間労働をする』勤勉な労働力を再生産する」こととはほど遠い生活にみえようとも、私たちが「貧しい中でもこれだけは買い続けるべき」という規範をもち、それにもとづいて、食品であれ衛生保健用品であれ教育サービスであれ、「適度で持続的な消費」を行い続けるならば、それによって資本主義の究極的な終焉は回避されている。

＊資本主義への順応とウーマノミクス

「ヘゲモニーは工場でつくられる」とは、資本主義に従順な人間が生み出されるプロセスを考察したイタリアの思想家、アントニオ・グラムシの有名な言葉だ。[4] 人びとの政治的な振る舞いは、出身階級で単純に決まるものでもなければ、狭義の政治思想教育だけでつくられるものでもない。ふだんの工場での労働それ自体が、労働者を資本主義に順応的な人間へと変えていく、というのがグラムシの主張だ。

私たちは仕事中の私語を慎み、始業時間に遅刻せず、終業時間までに仕事が終わらなければサービス残業してでも終わらせる。そのような日々の労働の繰り返しが、私たちを知らず知らずのうちに資本主義に順応的な人間へと鋳直し、その結果、資本主義への「自発的な服従（＝ヘゲモニー）」が形成されていく。

それに倣って私はこう言いたい。ヘゲモニーは親密圏でつくられる。私たちの「私的な」はずの日常の人間関係と生活の営み。それこそが私たちが日々、資本主義に順応的な人間へと知らず知らずのうちに変えられてしまっている場ではないのか。

工場で労働者が、労働を通じて順応的人間へと日々鋳直されるように、私たちは、ふだんは消費ノルムの存在など意識せず、「それが当たり前」と思い込んでいるかたちで家事を毎日行い、親密な他者へのケアを行い、性的行為を行っている。しかし、それらの行為には消費ノルムのようなかたちで資本主義への妥協が織り込まれてしまっており、したがってそれらの行為を日々繰り返す中で、私たちは日々、資本主義に順応的な人間へと知らず知らずのうちに自らを変えてしまっているのではないだろうか。

近代家族の拒否、すなわち「勤勉な労働力を再生産する良き『家庭』」というものを拒否し、異性愛法律婚以外のかたちで親密な関係を営み、あるいはコレクティブ・ハウスのような新たな相互ケアのかたちを試みたとしても、私たちがその営みの中から消費ノルムを醸成し、「貧しい中でも買い続けるべきもの」を買い続けるかぎり、その繰り返しは資本主義の危機を遅延させ、根底的なところでは資本主義に順応的な人間へ私たちを鋳直しているのではないのか。

生に絶望し、何も買わなくなるのではなく、そうなりそうな自分を奮い立たせるために、生けた花や愛する人とともに食べた夕食の写真をフェイスブックに投稿する。その反復の中で私たちは、誰に頼まれたわけでも強いられているわけでもないのに、「貧しい中でも買い続けるべきもの」を買い続けるべく、繰り返し自らを奮い立たせる行為を、まるで自然で当たり前のことのように感じていく。

とりわけグローバリゼーション以降、資本主義社会への順応的人間形成の場は、工場よりも親密圏に比重を移している、ということはないのか。「ウーマノミクス（女性による経済活性化）」という言葉は、もともとゴールドマン・サックス証券の研究員キャシー松井が提唱した概念である。同証券のＨＰに掲載されているウーマノミクスについてのレポートを読むと、私的な日常を愛しみ荒んだ生活を送らないように努めるという女性により強く内面化された消費ノルムこそが、いつ金融不安が起こるかわからない「明日の見えない」グローバル経済の時代において、資本主義を回転させ続ける歯車であることがひしひしと感じられる(5)。

女性個人が経済力をもつ国の家計では、そうではない国の家計よりも酒やギャンブルへの支出が低く、不況下でも食品や健康保険サービスなどへの支出は維持され、花や習い事への支出にも意欲的である……。したがって、女性の就労を促進したほうが、個人消費支出が好ましいかたちですばやく回復し、不況からの脱出が早まり、経済が活性化する。

こう主張するこのレポートは、反動的な性別役割観の持ち主の集まりであるはずの安倍内閣が、経済活性化策の柱のひとつに「女性の就労促進」を掲げるうえで、参照したとみられるもの(6)のである。私たちが、酒におぼれず、インスタント食品を避けて、調理に手間のかかる安価ではない食材を買い、ときに花を買って生け、日常を愛しむことこそが、「明日の見えない」グローバル経済を下支えしてしまうのだとしたら、私たちはどこに出口を見出して、歩いていけばいいのだろうか。

おそらくそれは、私たちが仕事に支障なく通勤電車の中でチェックできてしまう「フェイスブックへ投稿された写真」に収まりきれない、日常の慈しみ方を模索することからしか見つからないのだろう。私たちが投稿する写真は、ひとりひとり違う人間の、ひとつとして同じではない私生活のひとこまを切り取ったもののはずなのに、雑誌の「おうちカフェ」特集の写真に、どこか似てしまう。

それは、私たちが過重なケア負担を軽減する社会的な保育・介護サービスの拡充や、長すぎる労働時間の短縮を求めてもがくよりも、それらを当たり前のように受け入れたうえで、たった独りの店主が切り盛りするおしゃれなカフェのように、静かに買うべきものを買い続け、おとなしく穏やかに私生活を切り盛りしようとしているから、なのではないだろうか。

(1)「生そのものが労働になる」ということをめぐる議論については、渋谷望『魂の労働――ネオリベラリズムの権力論』(青土社、二〇〇三年)、アントニオ・ネグリ、マイケル・ハート著、水嶋一憲ほか訳『〈帝国〉――グローバル化の世界秩序とマルチチュードの可能性』(以文社、二〇〇三年)などを参照されたい。

(2)男性同様の雇用待遇を望むのではなく、女性自らが「家事育児に支障の出ない程度の、余裕のある範囲内でのみ就労したい」と望む傾向が、施策上の女性の就労促進の気運とは逆行するように強まっていることは、すでに一九九八年の『平成一〇年版厚生労働白書』において「新・専業主婦志向」として紹介されていた。ただし、この時点ではまだバブル経済の終焉からそれほど時期的に隔たっていなかったこともあり、新自由主義改革にともなう労働条件の劣悪化との関連では必ずしもとらえられてはいなかった。だが、二〇〇九年に内閣府の「男女共同参画社会に関する世論調査」において、性別役割分業への賛成の増加、反対の減少傾向がみられたことは、戦後ほぼ一貫していたはずの固定的性別役割規範の弛緩傾向が逆行しつつあることを示すものとして注目され、新自由主義改革にともなう女性の非正規雇用化・貧困化との関連が指摘されるようになった。この「専業主婦志向」についての分析は非常に数多くあるが、「専業主婦志向」が注目されるようになった経緯の概要については上野淳子「ジェンダーおよび学歴による将来像の違い」(『四天王寺大学紀要』第五四号、二〇一二年)が参考になる。

(３) レギュラシオン学派については、山田鋭夫『さまざまな資本主義——比較資本主義分析』(藤原書店、二〇〇八年)など。

(４) グラムシについてはさまざまな研究がある。とりわけ「ヘゲモニーは工場でつくられる」ということをめぐる議論については、金山準「A・グラムシにおける規律と「ヘゲモニー」」(『国際広報メディア・観光学ジャーナル』第九号、北海道大学、二〇〇九年）が参考になる。

(５) この問題については、拙稿「「女性の活用」の矛盾?「新自由主義ー新保守主義結合」政権と「グローバル中産階級女性」活用」(『女たちの二一世紀』アジア女性資料センター、二〇一三年)、および「認知資本主義は婚姻制度を必要とするか:ポスト・フォーディズムにおける蓄積・消費・労働力再生産とジェンダー」(『現代思想』四一巻一二号、二〇一三年)で詳しく論じたので、参照されたい。

(６) 安倍首相は二〇一三年九月二六日の第六八回国連総会における一般討論演説で、「世に、ウィメノミクスという主張があります。女性の社会進出を促せば促すだけ、成長率は高くなるという知見です。女性にとって働きやすい環境をこしらえ、女性の労働機会、活動の場を充実させることは(中略)焦眉の課題です」と述べている。この「ウィメノミクスという主張」は、キャシー・松井の「ウーマノミクス」概念を指すと、多くのマスコミによって解釈・報道された。演説全文は首相官邸ＨＰ(http://www.kantei.go.jp/jp/96_abe/statement/2013/26generaldebate.html) に掲載されている。

第2章 成り立たない「ライフコース」

1 「家族戦略」としての同居／別居

＊旅立てない学生たち

春は門出の季節だという。だが、地方大学の教員という仕事をしていると、春になっても旅立とうにも旅立てない学生たちが年々増えていると感じる。なかなか就職が決まらないのだ。

大学の就職課からくる求人情報の数は一見多いが、非正規や有期雇用、最初の一年近くが試用期間である仕事などが目立つ。自動車（中古を含む）販売、パチンコ、チェーン展開しているドラッグストアは、「この五～六年間で求人が多い業種ベスト3」だ。各地の幹線道路沿いに郊外大型店を激しく出店・閉店している点と、営業成績により額が変動する歩合給システムだという点が、この三業種には共通する。毎年求人が多いのは、成長産業だからというよりも、気を抜けば給料がガタ落ちする競争の激しい仕事に耐えられず、辞める人も多いからではないのかと、つい疑ってしまう。

これらの業種への就職を一度は決心するものの、親の反対にあい、翻意する学生もいる。大企業への就職にこだわり、子どもがようやく獲得した中小企業の内定を認めようとしない、という話ならまだ、バブル景気崩壊以前の感覚や意識を引きずる親の時代錯誤だと笑うことができる。しかし、職場に人が定着しない激務や身分不安定な非正規雇用への就労に反対する親の行動を、果たして「錯誤だ」と言ってしまえるのか。

「それでも仕事がないよりはまし。親の反対で翻意するとは、最近の学生は親離れができていない」と思うかもしれない。だが、学生たちが親の反対を押し切れない背景には、住居の問題がある。営業成績とは関連しない基本給の額が非常に低い仕事や、一年先が保障されていない非正規雇用では、自分ひとりでアパートを借りることにかなりのリスクが伴う。親の反対を無視して就職し、啖呵を切って家を出ようにも、その仕事から得られるお金では、家を出て生活できないのだ。

＊親と同居の若者は「パラサイト・シングル」か

「成人後も親と同居する未婚の子ども」に対する人びとの関心を大きく喚起したのが、一九九九年の『パラサイト・シングルの時代』(山田昌弘著)の出版ではなかっただろうか。「親に家事を任せ、自らの収入は小遣いとして自由に使い、親元に居る以上に時間的・経済的にゆとりある生活ができそうな相手が見つからないかぎり、結婚しようとしない」若者の「成熟拒否」が現代日本で増加しつつあると指摘し、若者たちへの批判的論調が濃厚だったのが、当初の「パラサイト・シングル」論だった(1)。

その後、さまざまな論議を経るなかで、若年雇用者が非正規化し、経済的自立が困難となっている格差社会をどうすべきか、若者への就労支援をどう充実させていくべきか、という方向に、論点はシフトした。「成人後も親と同居する未婚の子ども」たちの中で「親に家事を任せ、自らの収入は小遣いとして自由に使う」生活を謳歌している者は必ずしも多くなく、逆に、どちらも収入の少ない親子が同居し、家計をひとつにすることで、ようやく生活を成り立たせているケースも見られることが、明らかになってきたからである。(2)

地方大学教員として学生たちの人生選択を観察してきた私の個人的実感にすぎないが、子どもが親に家賃や生活費を渡さないままで同居生活を続けるケースはしばしば見られても、子どもの側が「自分の収入は家賃や生活費に使わずに、すべて小遣いとして使いたい」という動機から親との同居を積極的に望む、というわけではない。地方の場合、親と同居したままで通勤できる好条件の仕事は、それほど多くない。都会に出たほうが賃金の高い仕事はあるし、地方ではそもそも大した奢侈的消費の場も機会もない。

成人後の子ども、とりわけ娘との同居継続を望むのは、むしろ親の側が多い、というのが私の印象だ。しばしばその動機となっているのが介護問題である。介護といっても、親が要介護になったときに子どもに介護してもらう、という遠い将来の話ではない。祖父母や親族の介護をかかえる親、とくに母親が、心身の負担を分かち合ってくれる者としての子どもを必要とするのである。(3)

＊オーバーワークの母を見捨てられない娘

現在、学生たちの親の年齢は「ポスト団塊世代」、すなわち「ひとりっ子」の増加が話題となった戦後の少子化第一世代であり、そしてさらにその下の世代へと移りつつある。両親とも「ひとりっ子」という家庭は珍しくない。母親は、夫の両親と実の両親、場合によっては近隣に住む高齢の親族の介護までかかえることすらある。しかも、母親自身も何らかの就労もしている場合が多い。学生たちの教育費の捻出は、父親ひとりの収入からでは困難だからだ。

このようなオーバーワークの母親をもった女子学生は、「双子のような仲良し母娘」でなくとも、大なり小なり母親に対する負い目をもつ。母親もまた、たとえ今後、娘に大して稼ぎがなく、介護もほとんど手伝ってくれないとしても、困難な状況を生き抜く中で娘が自らを精神的に支えてくれるだけで十分ありがたいと思っている。別居生活で娘からの精神的サポートがなくなれば、やっていけないと感じているのは、むしろ母親のほうである。

フェミニスト・カウンセラーの信田さよ子は、著書『母が重くてたまらない――墓守娘の嘆き』で、進学・就職先から結婚、介護に至るまで、自らが望むとおりの生き方を娘にさせようとする、支配的な母親の精神病理を明らかにしている(4)。同書に登場する「『お受験』に多大な金とエネルギーを費やす母親」が、娘にエリートコースを歩ませようと期待をかけることが曲がりなりにも可能な都市の病理だとすれば、他方で私の知る「娘との同居を望む母親」は、そのような期待すら持ち得ない、地方の悲劇といえる。

「近くで就職先が見つからないのなら、無理して都会に出て変な仕事に就くより、自宅に居ておばあちゃんの介護を手伝いながら、一年でも二年でもかけて、ゆっくり仕事探しをすればいいいんじゃない？」という母親の言葉が、娘を抑圧していないわけではない。しかし、それを「娘への支配」と呼ぶのはためらわれるほど、母親自身の境遇もまた過酷である。

すでに述べたように、「パラサイト・シングル」論が喚起した「成人後も親と同居する未婚の子ども」への関心の高まりは、「親の住まいや財布を頼らなくても若者が生活していける社会的基盤」への関心へと移行しつつある。若者への就労支援のほかにも、若者向けの住宅政策も充実の必要性が指摘されるようになった。一九七〇年代から若者の就職難が問題になった欧州では、若年単身者向けの公的な住宅手当や公営住宅の充実が図られてきたという。このような若者向けの住宅政策の国際比較も、ようやく議論され始めている。(5)

だが、たとえ欧州並みに若年単身者向け住宅手当や公営住宅が充実したとしても、母親のオーバーワークが社会的に解消されないかぎり、「母親を見捨てられないから」と、自ら家に残る道を選ぶ娘たちは出現し続けるだろう。そんな彼女たちを「母親想いの娘」と美化することも、「母娘の心理的癒着」と問題視することも、何かが違う気がしてならない。

＊強いられた「家族戦略」としての同居

近年の家族研究で注目されている用語に、「家族戦略」がある。一見、不合理な個々人の行動も、家族単位で見れば合理的行動である場合がある。

たとえば、女性がキャリアを捨て育児に専念するという行動は、女性個人の経済合理性から考えれば割が合わない。しかし、女性がキャリアを継続し、夫にも育児負担がかかれば、夫の仕事の評価が下がり、昇進昇給が遅くなり、家計水準はむしろ下がる。あるいは、女性が家庭教育に全力を注いだ結果、子どもが高学歴になり、高収入の職に就けば、次世代における家計水準は上昇するだろう。このように、人びとは個人単位の合理性だけで動くのではなく、集団としての利益を戦略的に追求しており、家族とは人びとが戦略的に利益を追求する重要な集団のひとつだ、というのが「家族戦略」という用語にこめられた考え方だ(6)。

この用語が注目される背景には、一昔前の家族研究に存在した、家族というものをどのような時代・社会にも普遍的な「愛情と血縁で結ばれた小集団」とみる見方への反省がある。この見方では、核家族こそが普遍的「家族」の姿であり、封建的な家族規範や慣習さえ弛緩し、個々人が己の利益に忠実に合理的かつ自由に行動することが認められていけば、どんな社会でも、大家族はいずれ核家族へと分解していく、と考えられた。それはつまり、核家族が多い欧米中産階級の居住地域こそが「正常」な地域であり、大家族が見られるアジアは「後進」地域、単身世帯の多いメガロポリスの下層民居住区は「破滅へ向かう人類の未来の縮図」とみなすことでもあった。

このような見方に反省が迫られたとき、多様な家族のあり方を後進性や病理としてではなく、それぞれの地域で異なる歴史的・社会的条件をふまえつつ人びとが選択した多様な戦略の結果として、肯定的かつ合理的に説明し得る「家族戦略」という考え方が、浮上したのだ。たとえば、中国など東アジアでは、公的な保育サービスの充実が女性の急速な雇用労働者化に追い付かないため、祖父母が孫を家庭内で保育することがひろく行われる。その結果、産業化が進んでも、必ずしも大家族ネットワークが解体していかない。これは、アジア的な「家族戦略」の例とされる(7)。

大学卒業後も、親と同居し続ける若者たち。これも不安定雇用の増加に対応したアジア的「家族戦略」現象なのか(ただし、イタリアなどでも不安定雇用の若者たちの親との同居が見られるというから、大家族主義的な文化が強い地域での「家族戦略」とみるべきか)。聞こえてくる元学生たちの消息には、「就職先がブラック企業で、数年で疲弊し、退職して故郷に戻った」という噂も、ちらほら混じる。だから、「無理して都会に出て変な仕事に就くより、自宅に居ておばあちゃんの介護を手伝いながら、ゆっくり仕事探しをしたほうがよい」という母親たちの言葉は、あながち的はずれではない。

介護のかたわら母親たちが長年続けてきた会社事務などの仕事の収入額は、経済的自立には程遠い。それでも、コンビニでの娘たちのバイト代よりは高額で、雇用身分も娘たちより比較的安定していたりもする。娘が同居して母親のケア負担の一部を肩代わりするとともに母親の精神的サポートを担うことは、母娘が別居し、それぞれが孤独の中で経済的自立不可能な低廉労働にあえぐよりも、合理的な選択ではないか?と問われれば、確かにそうだ、としか言いようがない。

だが、それは、「戦略」と呼ぶにはあまりにも他に選択肢がない中での、強いられた「戦略」ではないだろうか。

＊二家族の交叉という戦略

ひるがえって私自身もこの一〇年間、ようやく得た正規職を手放さないため、岩手の職場の近くにある実父の家に居候し、東京の夫や娘と離れて暮らす単身赴任生活を続けた。五年ほど経ったころ、父は脳梗塞となり、リハビリ施設への通所が始まる。その後、要介護度が重くなるにつれ、私が不在の週末に独りで自宅生活をするのは難しくなり、高齢者住宅に入居せざるを得なくなった。

私はウィークディの間、仕事の合間に父の入居先へ様子を見に行くだけでなく、東京宅にいる週末にも、岩手の介護施設の職員やケアマネージャーからの電話やファックスに対応していかねばならない。逆に、岩手の職場で東京の娘の塾からの電話を受け、娘の学校からのプリントをファックスしてもらい、目を通してもきた。

父がケアサービスを受けるためのさまざまな手続きや審査のたびに、担当者から「娘さんは、お父さんと同居しているんですか?」と質問され、私はいつも口ごもる。娘が進級し、新しい担任との保護者面談があるたびに、私は「お耳に入れておきたいのですが、実は私は単身赴任で、ウィークデイには娘とは別居しておりまして」と、恐る恐る切り出す。「同居してケアをしている」とも言い切れず、「別居しているからケアできなくてもしかたない」とも割り切れない。岩手に居るときは、東京の娘の学校のプリントの読み落としがなかったかが気にかかり、東京に居るときは、岩手の父が入居する施設から電話があるたびに、何事が起こったか不安になる。すべてが中途半端で、徒労感ばかりが募る。「最先端のライフスタイルですねえ」などと、妙な感心をされることもあるが、自ら望んで計画的にこのような生活を始めたわけではない。とはいえ、もちろん誰かに強制されたわけではない。

ただただ私は、私ひとりだけではなく、「私にとって親密な人」や、あるいは「親密ではないと言い切ってしまうには、長過ぎる年月のあいだ、感情の交流をもってしまった人」も含めての、複数の人びとの利益を可能なかぎり大きくすることを、ひたすら考えてきた。その結論がこのような、二つの小家族を時間的にも空間的にも交叉させる日々を生きることだった。

その意味で私の一〇年間も、ある種の「家族戦略」にもとづくものと言えば、そうなのだろう。そして、私の採ったこの「家族戦略」もまた、「戦略」と呼ぶにはあまりにも、他に選択肢がない中での「戦略」である。これでよかったのか、こんな生活がいつまで続けられるのか。いつも自問自答しているし、いつも答えは出ない。

（1）山田昌弘『パラサイト・シングルの時代』ちくま新書、一九九九年。ただし、「親に家事を任せ、自らの収入は小遣いとして自由に使う」若者の「成熟拒否」の問題は、すでに『未婚化社会の親子関係――お金と愛情にみる家族のゆくえ』（宮本みち子・岩上真珠・山田昌弘著、有斐閣選書、一九九七年）において言及されている。
（2）国立社会保障・人口問題研究所『世帯内単身者に関する実態調査』二〇〇一年。パラサイト・シングル論をめぐる議論を総括したものとしては、森川麗子「女性と社会：ジェンダー視点から（3）パラサイトシングルをめぐって」『椙山女学園大学研究論集　社会科学篇』三三号、二〇〇二年、坂本和靖「パラサイト・シングル――親同居未婚者が抱える問題」『日本労働研究雑誌』五三巻四号、二〇一一年、などが参考になる。なお、「親に家事を任せ、自らの収入は小遣いとして自由に使う」者が多数派でないことは確かだとしても、その一方で宮本みち子が『若者が「社会的弱者」に転落する』（洋泉社新書、二〇〇二年）ほかで指摘するように、政治が官僚化する一方で消費財が氾濫する現代社会においては、市民としての政治参加よりも購買力のほうが社会への発言力となるように見える「消費者主権」的状況が生まれ、そのことが、親と同居してでも可処分所得を大きくしたほうが得である、という感覚を構造的に生み出している可能性はある。「パラサイト・シングルは、親同居未婚者の標準的な姿か否か」という方向に議論が展開してしまった結果、この「消費者主権」的状況をめぐっては議論が深められなかったことは残念であり、今後の課題であるといえよう。
（3）他方で春日キスヨが指摘するように、近年の日本では「経済力のない中年シングルの子どもと同居する、高齢の親」という組み合わせも増えており（『変わる介護と家族』講談社現代新書、二〇〇〇年）、高齢者虐待や中年の子どもの引きこもりなど、さまざまな社会問題も隠れていることも、忘れてはならない。本文で述べているのは、あくまでも地方大学に進学した女子学生を中心とする、二〇歳代の若者とその親の同居選択についての筆者の実感であることを、お断りしておく。
（4）信田さよ子『母が重くてたまらない——墓守娘の嘆き』春秋社、二〇〇八年。
（5）日本住宅会議編『若者たちに「住まい」を！格差社会の住宅問題』岩波ブックレット、二〇〇八年、堀部礼子・平山洋介「若者の居住に関する国際比較分析」『日本建築学会大会学術講演梗概集（東海）』二〇一二年、など。
（6）田渕六郎「『家族戦略』研究の可能性—概念上の問題を中心に—」『人文学報　社会福祉学』一五号、東京都立大学、一九九九年。田渕六郎「少子高齢化の中の家族と世代間関係—家族戦略論の視点から」『家族社会学研究』二四巻一号、日本家族社会学会、二〇一二年。
（7）落合恵美子・山根真理ほか「変容するアジア諸社会における育児援助ネットワークとジェンダー—中国・タイ・シンガポール・台湾・日本—」『教育学研究』七一巻四号、日本教育学会、二〇〇四年。落合恵美子編『親密圏と公共圏の再編成——アジア近代からの問い』京都大学出版会、二〇一三年。

2 「マミー・トラック」から「初職トラック」へ

＊「結婚」への関心喪失

おとぎ話はいつも、「お姫様は王子様と結婚し、いつまでも幸せに暮らしましたとさ」で終わる。だが、結婚さえすれば人生のすべてが満たされるわけではない。その後も人生は続き、いくつもの分かれ道も迷いも悩みも存在する。

女性の人生が結婚だけで必ずしも満たせるものではないこと、結婚する以外にも多様な選択肢があり得ることを指摘し、社会的に承認させていくこと。それは長い間、フェミニズムの重要な課題のひとつだったと言えるだろう。幸福であるはずだと思われていた、郊外に住む裕福な専業主婦たちのかかえる空虚感を題材にしたベティ・フリーダンの『女らしさの神話』（邦訳『新しい女性の創造』）が、ウーマンリブの代表的著作のひとつに数えられているように。

ところが最近、大学生たちが「結婚」に対して関心を失っているな、と感じることがよくある。非常勤講師時代も含めると、私が教壇に立つようになって約二〇年経つが、昔の学生のほうが「結婚」や「多様なライフスタイル」に関する授業内容に、食いつきがよかった。「授業の中で先生は『結婚や出産で女性が仕事を辞めなければならない日本の雇用労働の現状はおかしい』とおっしゃいました。でも、私自身は、やはり子どもが産まれたら、女性は専業主婦になって育児に専念するほうがよいと思います」みたいな反応も、多かったけれど……。少なくとも、「結婚」や「(結婚・育児・介護によって左右される)ライフスタイルの選択」という問題を、自分自身がいずれは直面する問題として感じている学生がほとんどだった。

他方で、最近の学生たちが「結婚」に対し関心を失っているといっても、「結婚しない人生もアリ」という考え方が市民権を得た、という雰囲気ではない。そうではなく、彼らは「自分が『就職』できるかどうかわからないうちに、『結婚』や『ライフスタイル』についてあれこれ考えてもしょうがない」と思っているようなのだ。恋人がいて「結婚するなら、たぶん彼とだと思う」と言っている女子学生に、「自分が四〇歳のときにどのような生活をしていると思う?」と尋ねても、「想像つきません、就活がどうなるかもわからないし」と答える。

以前の学生なら、嬉々として「子どもは二〇代のうちに産んで、参観日に『若いお母さんだね』って言われたいんですぅ」などと、妄想を語り始める者も少なくなかった。最近の学生においては、「就職」が「結婚」よりも前景化している、とでも言えばいいのだろうか。

＊就職難が感じさせる「初職トラック」

小泉構造改革以降、「新卒でも非正規」という就職が当たり前となった。しかし、いったん非正規雇用に就いた者が、その後に正規雇用へ転じるには困難が伴う。だから学生たちは、限られた正規雇用の就職口をめぐり競い合う。あるいは、非正規雇用の就職口のなかでも、少しでも安定した労働条件のものに就くのと、いわゆる「就職留年」するのとではどちらがマシかと、苦悩する。

これほどまでに就職に苦労する彼らだが、「子どもの養育費用は、公的負担に頼るべきではなく、親が稼ぎ支払うもの」「子どもの養育費用を払う経済力がないあいだは、結婚したり出産したりするべきではない」という考えは、驚くほど強い。それは、彼らの親世代が、ある程度まだ経済成長があった時代に子育てをしたからなのだろうか。

だが、たとえば、ひとり親家庭で育った学生たちでも、「必死で働いて自分を大学に進学させてくれた、母親を誇りにしている」からこそ、「自分では働こうとせずに、子育てを税金に頼ろうとする人は許せない」と言ったりする(このような立場から、「子ども手当＝税金の無駄遣い・ばらまき」批判をする学生も、けっこう多い)。あたかも、公的負担に頼るのを肯定することで、苦労を受忍した母親の人生を否定してしまうのを怖れるかのように。

だから彼らにとって「結婚」は、子どもの養育費用を負担できる「就職」ができた後に、初めて「する／しない」を考える資格が得られるものなのだ(「結婚はするが、子どもを持たない」という選択がある、と言う人もいるだろうが、「できちゃった婚」の増加現象にみられるように、「『結婚』とは『子どもを育てる』ためにすること」と考える学生は多い)。初職が非正規にしか就けず、その後も正規雇用へ転じるのに失敗し続けるならば、結婚はできないだろうし、するべきでもない、と彼らの多くは考えるようだ。

「女子学生には、自分自身が正規雇用に就けずとも、正規雇用の男性と結婚する『玉の輿』という手があるはず」と思う人も、いるかもしれない。しかし、男子学生でも相当就職に苦労する様子を間近に見る女子学生たちは、「子どもの養育費用を負担できるような就職をした男性」が貴重な存在であり、そんな男性と自分とが結婚できる可能性は、芸能アイドルと結婚できる可能性並みに低い、と感じるらしい。

そもそも自分自身が正規職に就かなければ、職場で正規職の男性と知り合う機会も得にくいことを、女子学生たちは十分に知っている。その意味でも、自らが初職で正規に就けるかわからないうちに、「結婚をする／しない」などと考えても意味がない、と思うようなのだ。

かつて「マミー・トラック」という言葉が注目されたことがあった。キャリア女性が母親になることを選択すると、まるで「わだち」にはまり込むように、その後のキャリアはそろいもそろって、子どもを持たない他の女性たちとは異なる特定のコースをたどる、という現象を指した言葉だ。陸上競技場でランナーそれぞれに固有のトラック（コース）が割り当てられて、そこからはずれられないように、母親（マミー）になる／ならないという選択は、女性にとってその後のキャリアコースや人生に、はずれがたいトラックが割り当てられることにつながる、との指摘である。

この「××トラック」という言い方にならえば、最近の学生たちにとって「ライフスタイルの選択」には「初職トラック」があると感じられている、と言えるかもしれない。どのような初職に就くかによって、その後の人生にはずれがたいトラックが割り当てられ、「結婚」にしろ「出産」にしろ、そのトラックの内部で選択できるものを選択していくしかない、と感じられているのだと。

＊「わだち」を移行させられていく人生

では、就職という関門を通過した彼らが、その時点でその後の人生選択をあれこれ考え始めるかというと、そうでもないようだ。仕事に不慣れな新人のころに「自分は果たしてこの職場で仕事を続けていけるのか」と悩むのは、いつの時代も同じであろうが、それに加えて近年は、「即戦力」となることを求められる新自由主義の時代だ。彼らは職業人としての自らの未熟さを、いやというほど突きつけられる。

そんな彼らは、「こんな未熟な自分では、親などという大層な存在になれるはずもないから、いまはひたすら、仕事で失敗しなくなることだけを考えよう」とする。「先のことは考えない」には、刹那的で不真面目なイメージがあるけれど、私の印象では、むしろ真面目な学生ほど、このような「思考停止」に走りがちである。彼らにとってさまざまな人生の分かれ道は、誰にでもいつでも開かれている選択肢ではない。目の前の課題をひとつクリアした後にひとつ与えられていくような、課題達成者のみに許される栄典として、捉えられているようだ。

当然ながら、「親になっても大丈夫なほど、あなたの仕事ぶりは成熟しましたね」という太鼓判を、いつか誰かに押してもらえるわけではない。けれど、彼らは真面目であればあるほど、「太鼓判」の存在を信じているように、私には見える。私に子どもがいると知った学生・元学生たちが、男女を問わずしばしば訊く質問がある。

「先生が、『もう自分は、親になっても大丈夫』って思えた出来事って、何なんですか？」

これに対して、「これといった出来事もきっかけもない。子どもを産むことにしたのは、なりゆきと勢い、みたいなものよ」と答えても、信じがたいらしい。とくに女子学生の中には、何度も食い下がって質問する学生もいる。私が子どもを産んだということは、私をそのようなライフコースへと「はめ込み／トラッキング」をする、何か劇的な契機があるはずだ、としか彼らには思えないようなのである。

そう、まさに「わだち」だ。彼らにとって人生は、はずれがたい「わだち」の連続であり、就職や結婚、出産という人生の転機は、とある「わだち」から次の「わだち」へと、自らが半自動的に移行させられていくこととして、感じられているのではないか。世の中に多様なライフスタイルが存在しているとしても、彼らは、そのどれかを自分が選び取るのではなく、何か劇的な契機がそのどれかへと自分を「はめ込み／トラッキング」していくはずだと、考えているのではないだろうか。

＊出産の「太鼓判」を待つ女性たち？

このことに関連して私が思い出すのは、二〇一三年の「女性手帳」騒ぎだ。政府が少子化対策として、「医学的に三〇代前半までの妊娠・出産が望ましいこと」を周知する「女性手帳」なるものを、一〇〜二〇代を中心とした女性たちへ配布する計画を発表し、女性団体の反発が相次いだ出来事である。配布を示唆した森雅子少子化担当大臣は記者会見で、「女性手帳」が必要な理由として二点を挙げた。(1)

「日本における生殖に関する知識の普及度が、世界的にも低いとのデータがあること」

「不妊治療受診患者から、生殖に関する知識があれば、妊娠をする割合が非常に低くなる高年齢になってから、高額な出費をして不妊治療を受けることにはならなかったのに、という声があがっていること」

性教育に反対してきた保守派議員とのつながりが深い安倍政権が、いまさら何をか言わんやだが、避妊や性交に関する知識はともかく、生殖能力が年齢とともに衰えるとの知識がそんなに知られていないのかと、不思議に感じた人もいるのではないか。私自身の記憶でも、一九八〇年代ごろまでは、女性の結婚適齢期は「クリスマスケーキ」、つまり「二五過ぎたら売れ残り」だ、との言い方は根強く残っていた。「三〇歳過ぎての出産は、『マル高』(高齢出産)だから好ましくない」という話も、あちこちで聞いた。

しかし、日本産婦人科医会記者懇談会資料「分娩時年齢の高年齢化　現状と問題点」(二〇一二年)によれば、出産の高年齢化は一九八〇年代から九〇年代にかけて急速に進み、「マル高」が三〇歳以降から三五歳以降に変更されたのは九二年。二〇〇〇年以降は初産の一割以上が高年齢出産となったという。同資料では、出産年齢が高くなり不妊治療受診者も増えている理由を、「四〇代を過ぎると妊娠率が低下し、流産率が上昇……特に卵子が老化することを知らない。メディアを通じて知識を得ているので、芸能人が四五歳で出産すると、自分もできると勘違いするのではないか」などと推論している。

深慮に欠けた若い世代が、ワイドショーで観た芸能人の高齢出産をまねて出産を先延ばしにし、不妊治療効果があがりにくい年齢になった途端、「何で教えてくれなかったのか」と騒いでいる、とでも言うのか。けれども、「真面目に思考停止する」学生たちを見てきた私には、出産を先延ばしにした末に不妊に悩む女性たちが本当に知りたかったのは、「生殖能力が年齢とともに衰えるという知識」自体ではない、と思えてならない。知りたかったのは知識自体ではなく、「その『衰え』は、自分の人生をトラッキングし直すような、深刻で劇的な契機として捉えるべきだ」という、「知識の解釈のしかた」だったのではないのか。

「親になっても大丈夫なほど、あなたの仕事ぶりは成熟しましたね」という太鼓判を、いつか誰かに押してもらえはしない。だから彼女たちは、「出産を延ばそう」との強い意志で、と言うよりも、「いつか、『もう自分は、親になっても大丈夫だ』と思える決定的出来事が起こる、その日が来るまで」ずるずると、いま自らがはめられている人生のトラックを、生真面目に走り続ける。

そして、「もういくら何でも、親になっても大丈夫であろう」と思える年齢、あるいは「本当はまだ親になって大丈夫ではないかもしれないけれど、子どもをもつことをあきらめられないのなら、いまのうちに産んでおかないと体力的に間に合わないかもしれない」と不安をおぼえる年齢になって不妊治療を始めてみて、その結果の悪さに愕然とする。そして気づくのだ。「生殖能力が年齢とともに衰える」ことを、「『いまこそ人生をトラッキングし直すときだ』という太鼓判」として解釈していれば、人生の次のトラックへと移ることができたはずなのに、と。

＊キャリア教育は人生選択に役立つか

近年、格差社会化が話題になるにつれ、「親の年収と子どもの学力の相関」「出身大学のブランドイメージと卒業後のライフコースの相関」のような、本人の努力ではいかんともしがたい、格差を再生産する諸要因に注目する、教育学や社会学の研究が増えている。世の中に存在するライフスタイルが多様化していても、私たちにそれらは無限に開かれてはいない。親の年収や出身校、出生地域やジェンダーなどさまざまな要因によって、同じような属性を持つ者は同じような選択をするように社会的に仕向けられてしまっており、ライフスタイルや格差は固定化されていく、と、それらの研究は指摘する。

だとすれば、自分が女か男か、どんな家庭環境に生まれ育ったか、どのような初職に就くかによって、人生には最初からはずれがたいトラックが割り当てられ、「結婚」にしろ「出産」にしろ、そのトラックから移り得る範囲での別のトラックへと移動するしかできないのだ、という私の周囲の学生たちの考え方は、ある種の実感に根ざしたものなのだろう。

他方で、引きこもりやニートが社会問題化して以来、子どもへ「キャリアプランニング」や「ライフコースデザイン」を教育する必要性が、主張され始めた。私の勤務大学でも、キャリア教育関連の授業や講演会、課外プログラムの増設に力を入れている。子ども向け職業体験テーマパーク「キッザニア」が、大ブームになったころに小学生となった私の娘は、五、六年生のころから高校生となった現在に至るまで、学校で何度も何度も「職業適性テスト」を受けさせられてきた。

だが、「キャリアプランニング」の授業や「職業適性テスト」が押してくれる「『あなたに向いているのはこの職業だ』という太鼓判」に頼って、初職の就職先を決めても、その先には「『いまこそ、こちらのトラックに移るべきときだ』という明確な『太鼓判』を、誰も押してくれない人生」というものが、いくつもの分かれ道を伴いつつ、延々と続くだろう。「フェミニズムを勉強したら、『女性は一生職業を続けるべきだ』という確信が持てるかと思ったのですが……。先生の授業を受けたら、かえって確信が持てなくなりました」と言ってくる学生は少なくない。

フェミニズムもまた「太鼓判」のひとつとして、期待を寄せる人もいるのだろう。しかし、フェミニズムとて「誰かの人生の『太鼓判』」にはなり得ない。

「『女／男であれば、このような選択をしなさい』という『太鼓判』」が、誰かから押されるときを待ち受けるのではなく、迷い間違いながらも人生を進もうとする人びと。フェミニズムにできるのは、彼らを「それでいいのだ」と励ますこと、だけなのだ。「誰の目からみても選択できるもの」を選択していくだけで過ごすには、人生というものはおそらく、あまりにも長すぎる。

（1）二〇一三年五月二八日の「少子化危機突破タスクフォース」（第二次安倍晋三内閣における少子化対策有識者会議）終了後の記者会見より。本文を書くにあたってはネット新聞『ハフィントンポスト日本版』二〇一三年五月二九日（http://www.huffingtonpost.jp/2013/05/29/story_n_3350289.html）を参照した。

3 「お嫁さん願望」の功罪

＊「お嫁さん願望」とフェミニズムのつながり

フェミニズムに関わっていると、「お嫁さんになりたいなんて、思ったことはないでしょう?」と決めつけられることがあるが、そんなことはない。実は私は幼いころ、従兄のお嫁さんになるのが夢だった。

私は、好みではない服を着せられるのを嫌がり、正しくないと思えることをおとなしくさせようとしても頑としてきかない、我が強すぎる子どもだった。たとえば、夏休みに泊まりがけで遊びに来た私や姉に、小学校を欠席させて滞在を延長させようとした伯父に対し、「学校に行かなきゃダメだもん」と泣きながら訴えて、伯父の機嫌を大いに損ねたことがある。そんな私は親戚の集まりではいつもけなされ、「可愛げがない」と言われ、傷ついた。

そんな幼い私が、自分を受けとめてくれると思えた数少ない人間が、十数歳上の従兄だった。私が泣くと彼は、アゲハ蝶を捕まえてくれたり、バイクに私を乗せて近所の坂道を走り下りてくれたりした。自分を受けとめてくれるのはこの先も彼しかいない気がして、ずっとずっと彼と一緒にいたかった。一六歳になったらすぐにでも、彼のお嫁さんになりたい。小学校二年生か三年生のころまでは、かなり真剣にそう思っていた。

その後、就職して忙しくなった従兄とのあいだにしだいに距離ができていく。そのころ、「我が強すぎて周囲と常にぶつかってしまう自分」と私自身が折り合いをつけていくのに、必要な言葉や考え方を新たに教えてくれたのが、フェミニズムだった。だから私にとって、幼いころに従兄のお嫁さんになるのを夢見ていたことと、いまフェミニズムに関わっていることとのあいだに、特段、断絶や矛盾があるつもりはない。

つまり、幼いころに、「妻になり母になることが女性のあるべき生き方」だと思い込んでいたことから、私の「お嫁さん願望」が生まれたわけではないのだ。私が夢見ていたのは、「親（のような原初的な愛着対象）が亡くなった後にも、『たとえ大多数の人が自分を否定し拒絶しても、自分を受けとめてくれる人』が存在していてほしい。そして、その人と私とだけで親密に過ごす時間を長期的・安定的に持ち続けたい」ということだったと思う。それを実現するには、お嫁さんになるしかない、と思いこんでいたところは私の幼さであり、異性愛規範やロマンチック・ラブ・イデオロギーに染まっていた証左ではあるのだが。

＊「もてない男」「性的弱者」論

結婚願望ということで思い出すのは、一九九九年に小谷野敦が著書『もてない男』(1)において、次のような意味のことを書いて話題となったことだ。

「法律婚制度批判をするフェミニストは、表面上は『もてない女』の味方をしているように見えるが、実は自分自身に関しては、制度の力を借りずとも恋人を確保できるくらいには、『もてる』。だからこそ、平気で制度批判ができるのであり、『もてない女』のことを彼女たちが本当に真剣に考えているとは思えない(1)」

おりしも一九九〇年代後半以降は、宮台真司の少女売春(いわゆる「援助交際」)研究をはじめとする「性の商品化」やセックス・ワークをめぐる議論に注目が集まった時期である。宮台真司は「性的弱者」、すなわち相手を魅了する資質(地位や経済力、容貌など)に欠けるがゆえに恋愛や性的関係を持ちにくい者の存在を指摘し、彼らへの社会的救済として買春の社会的正当性を主張した(2)。この「性的弱者」論は、二〇〇〇年代以降はもっぱら、倉本智明らの『セクシュアリティの障害学』や河合香織によるルポルタージュ『セックスボランティア』などにみられるように(3)、障碍者の性的欲求充足やケア労働における性的介助の位置づけに焦点をあてる議論へと移行していく。

だが、当初の議論はむしろ、小谷野の主張にみられるように、固定的性別役割観やかつての「適齢期になれば誰もが結婚するべきであり、かつ、離婚はするべきではない」という性規範がゆらぎ、「人並みに稼げる(健常者の)男性であれば、もてるとまではいかなくとも、『嫁』という名の性関係の相手ひとりくらいは確保できる」という「皆婚社会・日本」の衰退に注目していた。小谷野の言うように「もてない女性」にとってもそうなのかどうかはさておき、少なくとも「もてない（健常者の）男性」にとっては、「もてない＝ダメなやつ」だという異性愛イデオロギーにもとづいた競争主義的抑圧が、皆婚規範の弛緩によってむしろ強化されていることが、「性的弱者」論の焦点だったのである。

この「もてない＝ダメなやつ」というスティグマ（烙印）の存在は、二〇〇八年の秋葉原連続殺傷事件(4)の加害者男性が、事件を起こす直前に携帯サイト掲示板にこう書き込んでいたことで、世間の注目を集めることになる。

「彼女がいれば仕事を辞める必要が無かったし／彼女がいれば車を売る必要も無かったし／彼女がいれば車のローンもちゃんと払ってるし／彼女がいれば夜逃げする必要も無かったし／彼女がいない、ただこの一点で人生崩壊／……／不細工な俺には絶対彼女ができないもの(5)」

とはいえ、固定的性別役割の再強化を主張する保守主義者は往々にして、「何でもかんでも社会のせいにするサヨク」を嫌う「自己責任論」者でもあるため、「もてない男性」が感じる抑圧を社会問題と捉え、その内実自体を深く掘り下げようとする議論は、保守的論調においても主流を占めたとはいいがたい。「皆婚社会・日本」が男性たちに持たせていた、「もてるとまではいかなくとも、『嫁』という名の性関係の相手ひとりくらいは確保できる」という安心感とは、いったい男性たちに何を約束するものであったのか――それはおそらく、狭義の性的欲求の充足だけにとどまらない――は、十分明確にはなっていないのである。

＊学習機会としての「お嫁さん願望」

「モテないという意識」に悩む男性について分析した森岡正博の論考を読み返して、おもしろいことに気付いた。「秋葉原連続殺傷事件の容疑者は、携帯サイトに、自分がモテないということを執拗に書き込んでいた。……『モテないという意識』が、ほのかな殺意を醸成してしまうという心の動きを、私は自分自身のこととしてはっきりと思いだすことができる」と言う森岡は、こうも述べている。[6]

「若いときに読んでいた雑誌か何かに、次のような記事が載っていた。……『不純異性交遊』を重ねてきた少女へのインタビューだった。……インタビュアーが、どれがいちばんよかったの？と聞いたとき、彼女は、はじめて好きになった男の子と海辺ではしゃいで遊んだとき、と答えた。……私の『モテないという意識』の中心部分には、この【海辺ではしゃぐという】ような、好きな女性とメルヘンチックな関係を持つことができない（だろうという）ことへの劣等感があったように思う。……メルヘンチックな恋愛とは、好きなひとりの女性と出会い、彼女と過ごす日常の平凡なひとこまの中に、『ふたりで一緒にいられてよかった』という小さな小さな幸せを感じてしまう、というような恋愛のことである」（【　】内は筆者による補足）。

なぜ森岡が、自分には「メルヘンチックな恋愛」をする機会は得られないと思い込むに至ったのか、という点は書かれておらず、よくわからない。他方で、私自身も「ブス」と陰口を叩かれ、片思いにも悩み、「モテる」という経験にはまったく縁遠かったが、森岡のようには劣等感にさいなまれていなかったように思う。それは、私には従兄とのあいだでの「小さな小さな幸せ」の思い出があったからではないだろうか。

すべての少女が「お嫁さん願望」を抱く経験を通過するわけではなかろう。ただし、「お嫁さん願望」が奨励されがちな女性のほうが、男性よりも、幼いころから疑似的な「メルヘンチックな恋愛」体験をする機会に恵まれる傾向があるのではないか。

このことはもちろん、女性をロマンチック・ラブ・イデオロギーに閉じ込めもする。しかし同時に、「日常の平凡なひとこまの中に、『一緒にいられてよかった』という小さな小さな幸せを感じ」ることについて、自分は必ずしもそれから疎外された存在ではないのだという、自己存在への根源的安心感のようなものを獲得し、かつその「小さな小さな幸せを感じ」る具体的な行為や出来事の積み重ね方を学ぶ、いわば〝親密圏の作法〟を身体化する学習機会にもなっているのではないだろうか。

＊結婚に先走る男性の不思議

森岡は「大学生のときに、ある女性を好きになって……いちどお茶を飲んでしゃべったのだけれども、なんとなくうまく行かず、そのあと私は何を思ったのかその女性に電話をして、電話口で結婚を申し込んだ」ことがあるという。

「好きな女性とデートするチャンスがめぐってきたときに、不意に『結婚』という言葉が口を突いて出てしまうというのも、モテない男のひとつのパターンなのではないか……不思議なのは……経済的にも非常にカツカツの生活を送っていたのだが、それにもかかわらず『結婚』と口走るときにはその方面のことがまったく脳裏から消え去っていたということだ。なぜなら、おそらく当時の私にとって結婚とは、好きな女性と一緒にメルヘンの世界に行くということだったからであり、メルヘンの世界というのは現実の経済的な状況などとは無関係に存在していなくてはならなかったからではないか」

だが、私からすれば、不思議なのはむしろ、「小さな小さな幸せ」つまり〝直接には性的行為とは結びついていないささやかな日常的行為を介して親密な関係を楽しむこと〟こそ、婚姻による社会的承認などの規範にわずらわされず、経済力にも関係なく、すぐにも実行できるはずなのに、「海辺に遊びに行く」などの具体的な行為や出来事の積み重ねが、飛ばされてしまう点である。森岡は「メルヘンチックな恋愛」をしたかったと言う一方で、「小さな小さな幸せ」を体験するための、具体的な行為や出来事についてのイメージは、ほとんど持っていなかったのではないか。それが、男性が「お婿さん願望」を奨励されにくいがゆえだとしたら、ジェンダー規範の皮肉な帰結だ。

かつて「性的弱者」への社会的救済の必要性を主張する宮台真司に対して、上野千鶴子が「生身のセックスをしたいという欲望にも二種類ある……生身の身体を持った生きた他者と関係したいというコミュニケーションの欲望。もうひとつは、生身の身体を持った他者を自分の思うように扱いたいという、抑圧と支配の欲望。もし、それが後者だったら……そんなものを社会が保証してあげなければいけないという『性的弱者の権利』なんかない。……もし前者だったら、愛し愛されるためのコミュニケーション・スキルを磨いていただくしかないですね」と述べて[7]、〝そもそも異性とのコミュニケーション能力を欠くがゆえに「もてない男」となっている者に対して、いまさら「コミュニケーション・スキルを磨け」と助言しても役には立たない〟という趣旨の批判が相次いだことがあった[8]。

たしかに、「愛し愛されるためのコミュニケーション」とはいったいどのようなものなのか自体を、そもそも理解できていない者にとっては、抽象的に「そのスキルを磨け」と言われても困惑するだけだろう。あるいは、「どのような言葉を用いてデートに誘うと、相手からＯＫが出やすいか」というような、皮相な技術的水準でのみコミュニケーションを捉えてしまうかもしれない。

しかし、森岡のエピソードを読むかぎり、「もてない男」に欠けているものがあるとすれば、そのような皮相なスキルではない。それは、自分が「愛し愛される」「小さな小さな幸せ」から必ずしも疎外された存在ではないのだという、根源的安心感の獲得経験であり、その「小さな小さな幸せを感じ」る具体的な行為や出来事の積み重ね方を知らず知らずのうちに自らに身体化していくという、〝親密圏の作法〟の学習機会なのではないか、という気がしてくる。

それはおそらく、祖父母に甘やかされて育った子どもが、他の者には真似できないくらい上手に赤の他人の高齢者にも甘えることができるのにも似た、その機会を得られなかった者が後から獲得しようとしても容易ではない、ノウハウ化が難しい学習なのではないだろうか。

＊幸せの感じ方の身体化

森岡は、「小さな小さな幸せ」は「彼女と過ごす日常の平凡なひとこま」の中にあると語る一方で、同時にその「日常の平凡なひとこま」は、自分にとっては「現実」よりもむしろ「メルヘンの世界」に属するものだ、と吐露している。「日常」や「平凡」こそが「メルヘン」であるという彼の語りに、男たちの多くがいかに社会的地位や経済力の獲得という業績主義的競争の世界に駆り立てられているのかを指摘するのは、たやすい。むしろ問題なのは、今後いかにして幼い男の子たちの日常に、「小さな小さな幸せを感じ」る具体的な行為や出来事の積み重ね方を身体化させていく機会を確保していくのか、ということのほうではなかろうか。

皮肉にも女の子たちに対して、「小さな小さな幸せ」の感じ方を身体化させてきた「お嫁さん願望」も、今後「皆婚社会」の衰退によって発生基盤をなくしていく（そのこと自体は、私は喜ぶべきことだと考えるが……）運命なのだとすれば、「お嫁さん願望」でも「お婿さん願望」でもない、「小さな小さな幸せ」の感じ方の身体化技法を、私たちは次世代のために、新たにあみだしていく必要があるのかもしれない。

いずれにせよ、あくまでも既存の家族規範や恋愛規範を疑い、解体することにこだわりつつも、同時に、親密な者同士がひとつのポケットに手を入れて温め合いながら歩くとか、キッチンに並んで立って一緒に料理をつくるとか、自分なりの「小さな小さな幸せ」の具体的イメージを持ち、それを楽しむということは、両立できなくはないし、悪くないことだと私は思っている。ちなみに、従兄がバイクに乗せてくれていたせいか、いまでも私は、夫に自転車に乗せてもらうのが好きだ。

（1）小谷野敦『もてない男――恋愛論を超えて』ちくま新書、一九九九年。
（2）宮台真司他『〈性の自己決定〉原論――援助交際・売買春・子どもの性』紀伊國屋書店、一九九八年。
（3）倉本智明『セクシュアリティの障害学』明石書店、二〇〇五年、河合香織『セックスボランティア』新潮社、二〇〇四年。
（4）二〇〇八年六月八日、東京・秋葉原中央通の歩行者天国に加藤智大（当時二五歳）が二トントラックで進入し、五人をはねた後、所持していたナイフで一四人に切りつけ、うち七人を死亡させた事件。加藤が派遣工として各地を転々とする生活を送っていたことも、事件を生んだ社会的要因として注目された。
（5）『月刊精神分析（特集　秋葉原無差別殺傷事件）』二〇〇九年九月号（http://lacan-msl.com/akihabara/）を参照。
（6）森岡正博「『モテないという意識』を哲学する」有限責任事業組合フリーターズフリー編『フリーターズフリー02号』人文書院、二〇〇八年。

（7）上野千鶴子・宮台真司「（対談）メディア・セックス・家族」『論座』一九九八年八月号。
（8）小谷野敦の『もてない男』（前掲（1））での批判など。

第3章

地域社会と女性保守層

1 私的扶養というモラル・マゾヒズム

＊「拡がるブックトーク」事前勉強会

この一五年間で母親をめぐる状況はどう変化したのだろうか。二〇一二年の春、そんなことを考えるためのシンポジウムを、私は仲間とともに、勤務地である岩手県で開催した。

このシンポジウムはWAN（ウィメンズ アクション ネットワーク）という女性団体が提唱・主催した、「拡がるブックトーク」という、『新編 日本のフェミニズム』（岩波書店、全一二巻）刊行完結記念企画の一環でもあった。同書はもともと、女性学・フェミニズムをめぐる議論が盛り上がった一九九〇年代に、リブ以降の主要な論考を集めた選集として刊行された。それから約一五年が経った二〇一一年、新たな議論を増補した新編が世に出されたことをきっかけに、全国各地で各一巻ずつを取り上げて、その内容をめぐるシンポジウムや講演会を、順次開催していくことになったのである。

数カ月ごとに、全国に散らばるWANのメンバーや協力者たちが、それぞれの活動の地で、いずれかの巻を取り上げるイベントを開催していく。それらを集積することで、全体としてはフェミニズムに関する約一年かけての「全国キャラバン」を展開する、という企画であった。

岩手のシンポジウムで取り上げることになったのは『第五巻 母性』である。私は、聴衆が一方的に講演者の話を聞く会にはしたくなかったので、希望者を募り、事前に本の内容についての勉強会を開くことにした。シンポジウムで彼女たちに、事前勉強会での成果を携えて、パネリストとの討論に加わってもらうためである。上は七〇代から下は二〇代までの女性市民十数人が集まり、事前勉強会は五回におよんだ。

この事前勉強会は、参加者自身の妊娠・出産・育児をめぐる体験の多様性や、ジェネレーションギャップもうかびあがってきて、たいへんおもしろいものとなった。とりわけ興味深かったのは、「女性であれば誰でも育児が得意なわけではなく、周囲からの支援が必要」というフェミニズムの議論に共鳴する参加者であっても、ではどのような支援が必要と考えるのかというと、「とりわけ若い世代の女性たちに母性の重要性を自覚させ、自分自身をもっと大切にしなさいというメッセージを送る」ことだ、としばしば言う点である。

さほど年齢が高くない世代においても、このような意見は強かった。しかも、保健師や学校・公民館などでの「こころのケア」相談員のような、専門性の高い仕事に就いている女性からむしろ、このような意見が出てくる傾向すらあった。

＊「女性が困る環境」の放置を望む女性たち

専業主婦ではない彼女たちは、「育児に専念した己の人生選択を肯定したい」がために「母性の重要性」を口にするのではない。彼女たちは仕事柄、妊娠した一〇代の少女たちや、生活に追われて育児に手が回らず、子どもの学校とトラブルばかり起こしているシングルマザーたちなどと接している。「そういう〈いまどきの〉少女たちや母親たちは、母性のことを軽く考えているから〈安易に〉妊娠し、遊びや仕事などの〈自分がやりたいこと〉のほうを優先して子どもを放置している」というのが、彼女たちの見方であった。

一方で、保育所や子育て相談室のような環境整備や、子ども手当のような経済的支援には、彼女たちは必ずしも賛成というわけではない。彼女たちはこんな懸念を示唆していた。「〈環境が整いすぎる〉と、母性のことを軽く考える女性たちが増えるのではないか。また、男性たちがいま以上に〈無責任になる〉のではないか」

自らが保健師や相談員などとして働き、専門職業人としてのプライドも持っているにもかかわらず、自分たちのような存在へのアクセスが容易になりすぎることはよくない、と考えるのだ。しかし、たとえば「病院が整備されると、病気予防に無関心な者が増えるのでよくない」と考える医師が、果たしてどのくらいいるであろうか。

断っておきたいのは、彼女たちは決して「〈いまどきの〉少女たちや母親たち」を一方的に見下しているわけではない、ということである。彼女たちは真剣に、自分たちが接する「〈いまどきの〉少女たちや母親たち」が陥っている困窮状況について、そしてときに少女や母親たちが困窮のあまり自暴自棄気味になることを、心配していた。だが、その真剣な心配から導き出されてくるのは、「母性の重要性の自覚」があればこのような状況に陥ることを回避できるかのような一種の精神主義なのだ。そして、男性たちの責任感を醸成するために、あえて、「男性たちの〈無責任〉に遭遇したときに女性の側が困る環境」を、改善整備していくのではなく放置するべきだという、論理の転倒（私からみれば）なのである。

私などは、男性たちの責任感を醸成するのならば、むしろ父親学級や「イクメン」養成講座などを行うほうがよいのではないか、という気がしてしまう。もちろん彼女たちも、このようなプロジェクトに反対なわけではない。しかし、それらが醸成する責任感は、母性というものの重みに比べたら軽すぎる、とも彼女たちは感じているようであった。もっともっと重たくて、あまりにも重たくて、捨てようにも捨てられない想い――責任感というよりむしろ罪悪感と呼ぶべきものが、男たちの心の深くに生じてこそ、子どもをかかえた女性たちは安心できるのだ。彼女たちは、そう考えているようであった。

＊「子ども手当」への「ばらまき」批判

「モラル・マゾヒズム」という言葉がある。あえて被害者となって相手に罪悪感を抱かせ、その罪悪感によって相手が望ましい行動を自発的にとるようにコントロールすることである。昭和三〇年代を中心にブームとなった「母もの」映画(1)などで描かれる、我が身を犠牲にして働き、物心両面でひたすら息子に尽くす母と、その期待にこたえて立身出世しようともがく息子

という関係性は、「モラル・マゾヒズム」の典型と言われている。(2)

あえて被害者となることを引き受ける「モラル・マゾヒズム」は、社会的弱者にも可能な他者のコントロール方法であり、したがって女性がしばしば「モラル・マゾヒズム」的行動をとるのは、その地位の低さゆえであるとも言われてきた。あえて「男性たちの〈無責任〉に遭遇」したときには女性側が困窮することを引き受けることで、男性たちの責任感を醸成するという「モラル・マゾヒズム」的行動を、女性たち自身がとり続けようとしているのは、近年いわゆる「女性の社会進出」は進んでも、女性の地位の実質的な低さは変わっていないということか。

「モラル・マゾヒズム」はあくまでも、相手の罪悪感とそれにもとづく自発的行動を誘発するものであり、したがってその誘発に失敗すれば、責めは自らが負うしかなくなる。「〈いまどきの〉少女たちや母親たち」は、相手が「きちんと罪悪感を抱いてくれるような、まっとうな男性」であるかどうか見抜けない、「男を見る目のなかった」誘発の失敗者として片付けられてしまう。だが、だからこそ、貧困の女性化は進み、総体としての女性の地位は向上しない。その結果、ますます女性たちは男性たちの罪悪感を喚起すべく、「男性たちの〈無責任〉に遭遇したときに女性の側が困る環境」の保存に熱心になる。まさに悪循環だ。

女性たち自ら「男性たちの〈無責任〉に遭遇したときに女性の側が困る環境」の保存に熱心になる、ということで思い起こされるのは、二〇一〇年に民主党政権が実施した、所得制限なしの「子ども手当」をめぐる議論だ。「所得制限なしの子ども手当は、税金を無駄にばらまく政策だ」との批判が、女性たちのあいだからすらも起こり、わずか三年で、従来の児童手当制度へと、ほぼ逆戻りした。

親のあいだの経済格差の是正は本来、所得税の累進性を高めるなど所得再分配制度を強化して行うべきものである。所得制限なしの「子ども手当」は、子どもの成長にかかる費用は社会全体で負担する、という公的扶養原則を日本に根付かせる貴重な一歩だったのに、その一歩はあえなく挫かれた。このような日本での私的扶養原則の根強さ、およびそれがとりわけ戦後の家族政策の中で醸成されたことは、いくつもの研究が指摘している(3)。そのことを踏まえたうえで私が気になるのは、なぜ少なからぬ女性たちが、女性たち自身を困窮させる私的扶養原則に疑問をもてないのか、ということだ。

手当存続の声が女性たちに広がらなかった一因に、育児に関わる費用は私的扶養が原則、という「男性たちの〈無責任〉に遭遇したときに女性の側が困る環境」を手放すことを、少なからぬ女性たちが怖れていた、ということはなかったろうか。子ども手当てに限らず、高等教育（大学）無償化問題についても、「大学まで子どもを進学させようとする親は、もともと金銭的に恵まれた層なのだから、自己負担できるはず。それよりも他のことに国の財源を使うべき」という声は、珍しくない。

近年、奨学金を返済できないことが原因での自己破産などの報道があったため、給付型奨学金制度の少なさについては、ようやく注目が集まりつつある。(4) とはいえ、経済活性化のための諸政策に税金を投入することへの寛容さに比して、子どもを公的に扶養するための諸費用には、日本の人びとはあまりにも冷淡だ。

＊責任追及システムの不在

私的扶養優先原則にいくら固執しても、親に扶養能力が不足すれば、結局は何らかの福祉サービスを通じて公的な扶養を行うことになる。自らの生んだ子ども以外は育てない野生の獣のように、「親に扶養能力がない子どもは飢えて死ね」とまで徹底するのならば別だが、そうでないのならば私たちは、税金などを通じて何らかのかたちで他人の子どもの扶養費用を負担していかざるを得ない。ときに病気になり、ときに失業し、人間が常に十分な扶養能力を保持し続けられない生き物であるかぎり、公的扶養によって子どもの生命が保障されるしくみを完全に捨て去ることは、社会をつくることを止めることに等しいだろう。

「親の無責任」を許容したくないのであれば、給与・財産の差し押さえなど養育費取り立て制度の厳格化を行えばよいはずである。公的扶養受給資格審査のハードルを上げる必要は、必ずしもない。公的扶養を受けやすくする一方で、「親の無責任」を厳しく追及することは矛盾しないはずである。

ところが日本では、養育費取り立て制度の実効性は弱く、養育費に関する取り決めのない離婚を不成立とするしくみも存在しない(5)。しばしばテレビのワイドショーやネットでは、「子どもの給食費を払わない親」や「扶養能力のある親族がいるのに生活保護を受給している者」へのバッシングが盛んなので、私たちは気づきにくいのだが、言うなれば日本は、嫌味や嫌がらせばかりが盛んで、実効性のあるシステムとしての「(男)親たちに責任を突きつける」しくみを、ほとんど持たない社会なのだ。

「〈環境が整いすぎる〉と、母性のことを軽く考えてしまう女性たちが増えるのではないか。また、男性たちが今以上に〈無責任になる〉のではないか」と心配する女性たちは、一見、男性たちが責任を履行することに強くこだわっているように見える。しかし、実は「今程度に」男性が無責任であることを、むしろ諦め、受け入れてしまっているのではないだろうか。養育費取り立て制度をいかに工夫しようと、男たちは責任を逃れてしまう生き物なのであり、その無責任さの被害者となる覚悟抜きに母になろうとなど、女はしてはいけないのだと、考えているのではないだろうか。

＊責任を突きつける声

「男性の〈無責任〉による女の困窮、それに対する男の罪悪感」は、森鴎外の『舞姫』以降、綿々と近代日本文学の題材にもなってきた。高校の国語の授業で『舞姫』を読んだ後、同級の女子学生たちのあいだで「なんでこんな勝手すぎる主人公の、弁解じみた語りが素晴らしい文学なのかわからない」という話題で盛り上がったことを思い出す。国語の男性教師には「おとなになるとわかる、人間のずるさや複雑さを描いているから素晴らしい文学なんだ。それがわからないということは、君たちがまだ子どもだということだね」といいなされたが、本当にそうなのだろうか。

「おとなになった」私にわかってきたのは、『舞姫』の女性たちは男性に責任を突きつける声を持たない、ということだ。主人公の母親は、遠い日本でひとり自害する。恋人エリスは主人公の裏切りを知るなり、短い恨みの言葉をワンフレーズ残すだけで、錯乱してしまう。生じた結果の取り返しのつかなさゆえに、主人公には深い罪悪感が生じるのだけれど、責任の履行を求める女性の声が執拗に主人公をずたずたに切り裂き、何らかの行動をとれと具体的に突きつけていくわけではない。男性にもっとも強く罪悪感を生じさせる「取り返しのつかなさ」とは、男性が永遠に責任を取れない／取らなくてよい、女性の死／沈黙なのだ。

日本文学は、責任の履行を男たちに厳しく要求し、さらには「男たちにその履行を果たさせる責任は女の〈男を見極める目〉ではなく社会全体にあるのだ」と訴えていくような声を持つヒロインを、ほとんど描いてはこなかったのではないだろうか。そして、そのようなヒロインの不在や少なさは、フェミニズムを含む近代日本のさまざまな女性運動の残念な実態の反映でもあるのではないだろうか。

近代以降日本の女性たちは、「取り返しのつかなさ」によって男の罪悪感を醸成し、女性の権利確立や地位向上に対する「男性の理解／譲歩」をじわじわと引き出す、という戦術をもっぱらとってきたような気が、私にはする。戦時体制の深まる中で母子扶助法制定（一九三七年）に尽力した女性運動家・山田わかは、他方では私的扶養原則に強くこだわった。女性の側から進んで求婚してもよいではないかと主張した山川菊栄に対して、男性による求婚はその男性の責任感の深さを見定める機会なのだから、女性から求婚するのはその機会を失うようなものだと反対したことは、女性史研究者のあいだでよく知られている(6)。

シングルマザーの困窮を解決しようとする女性運動家自身が、シングルマザーを「声を持たない哀れなエリス」の枠へ押し込め、その引き換えに得た「男性の理解」が母子扶助法成立といういくばくかの女性の地位向上ももたらす……。ここに、日本の女性運動が今日までつい反復してしまうある種の「過去の成功体験」のパターン、女性自らが「男を見る目のなかった」女性たちにはからずもスティグマ（社会的烙印）を負わせることで、男性の罪悪感を、そしてそこから理解と譲歩を引き出していくというパターンを見出せるような気がするのは、私だけだろうか。

山田わかは、しばしば「女性保守」思想家と呼ばれる。しかし、近代以降の日本の女性運動は、女性自らがある種の女性へのスティグマに加担してきたという点においては、大なり小なり「女性保守」運動ではなかったろうか(7)。

それほどにして得た「男の理解／譲歩」が、男が永遠に責任を取れない／取らなくてもよい場所に居るからこそ安穏と表明できる、ひたむきかもしれないが感傷的な悔悟ならば、それは男性が自らの〈無責任〉の結果を、真正面から受けとめることにつながるのか。再発を防ごうと男性自身が苦闘し、変わっていくことへと、本当につながるのだろうか。

＊〝Feminism in London 2015〟の男性たち

二〇一五年の一〇月、私はロンドンで比較的大きなフェミニズムの集会に参加した。「フェミニズムと共闘する男性たち(male allies)」のワークショップがあるというので、のぞいてみたかったのだ。ワークショップに参加した「男性共闘者」たちは、二〇代後半か、せいぜい三二、三歳にしか見えない一〇名弱。それに対し、女性の参加者は年代もさまざまで、五〇～六〇人はいただろうか。

司会者は「男性共闘者」のリーダー格らしい、六〇代くらいの経験深げな男性運動家だったが、彼の穏やかな采配にいらだつように、女性たちは競って手を挙げ、矢継ぎ早に激しい糾弾の言葉を口にした。「イギリスでは三日に一人の女性がＤＶで殺されているのに[8]、あなたたちはいったい何をしてきたのか」「ホワイト・リボン・キャンペーン[9]は元々女性たちが女性への暴力根絶のために始めた運動を、男性たちがハイジャックしたようなものだ」「言葉のうえでなら何とでも言える、何の行動をしたかが重要だ」などなど。

なかには、「男性は、生得的・身体的に性暴力加害者なのだ」という、女性である私ですら、ちょっとそこまで言うのは……と思ってしまう発言も飛び出したけれど、感心したのは、それほど激しい糾弾を受けながら、会場から逃げ出した男性がいなかったことだ（正確には一名、会場を去った男性がいたが、糾弾に嫌気が差してではなく、自分が発言したくて何度も手を挙げても指名されず、イラついての行動のようであった）。

しかも彼らは、はぐらかさず、女性たちの糾弾に彼らなりに対峙し、応答しようとしていた。「私がフェミニズムに関心を持つようになったのは、高校教師をしていた母親からの影響だ。男性である自分は生得的には性暴力加害者なのかもしれないが、教育がそれを乗り越えさせてくれたと思っている」

「私が友人に『明日、フェミニズムの集会に行くんだ』と言ったら、『行かなきゃいけないのか？』と訊かれた。私はここに来ることを、自らの意思で選んだ。自ら選び取ること、それが大切なのではないかと思う」

彼らの発言や態度によって私は逆に、自分がどれだけ「男性が逃げる」ということを当たり前だと思い込んでいたのかを、気づかされた。「家事ハラ」の用語歪曲騒動(10)にもうかがえるように、「男性がヤル気をなくさないように、逃げ出さないように、女性はもっと配慮すべき」という声は、日本ではあちこちで聞かれる。男女平等に関するシンポジウムの冒頭で、「今日はどんなに叱られるか、ビクビクしながらここに来ました」「お手柔らかにお願いします」などと、男性パネリストが冗談めかして防御線を張ることは、珍しくない。

もちろん、イギリスの男性運動にも課題はある。フェミニズムに反対する保守的な「男性の権利擁護」運動の強さは、日本の比ではない。前述のワークショップ終了後に何人かの「男性共闘者」に話しかけたら、「アメリカではフェミニズムと男性運動がもっと協力的な関係だ」と不満をもらす者もいた。だが、そんな彼も「フェミニストにもう少し、自分たち男性が話しやすい雰囲気をつくってほしい、ということか」と訊くと、「いや、そんなことは求めていない」と答えるのだ。

日本で男性をいかにジェンダー平等推進の動きに巻き込んでいくかに関心が寄せられるようになったのは、とりわけ一九九九年の男女共同参画社会基本法成立以降だと言えるだろう。しかし、「男性がヤル気をなくさないように、逃げ出さないように」女性たちが配慮し続けて一五年余の二〇一五年末、政府は「二〇二〇年までに(女性政治家や企業管理職など社会の)指導的地位に占める女性の割合を三〇％にする」という、二〇〇三年に掲げた政府目標の実現を事実上断念した。(11)

他方で、週六〇時間以上の男性長時間労働者の割合は、平均でも一五％近く、三〇歳代男性では約一八％の高さを依然維持している。(12)警察庁によるＤＶ事案認知件数は二〇一四年で六万件近く、検挙件数は七〇〇〇件に迫りつつある。(13)「男たちが逃げ出さないように」私たちが飲み込んできた声は、本当に、何がしかの達成を引き出し得てきたのだろうか。

（1）三益愛子主演の『山猫令嬢』『母』（いずれも一九四八年）、『瞼の母』（一九五二年）など。ただし、広義の「母もの」映画は一九三〇年代にすでに確立したとも言われる。「母もの」映画については、紙屋牧子「「聖」なる女たち：占領史的文脈から「母もの映画」を読み直す」（『演劇研究』第三七号、二〇一四年）、坂本佳鶴恵『〈家族〉イメージの誕生　日本映画にみる〈ホームドラマ〉の形成』（新曜社、一九九七年）などが参考になる。

（2）第2章2でも取り上げたが、近年、密接すぎる母―娘の病理的関係に精力的に焦点を当てているフェミニスト・カウンセラーに、信田さよ子がいる。『母が重くてたまらない――墓守娘の嘆き』（春秋社、二〇〇八年）では、娘の進学・就職先から結婚相手まで、自分が選び望んだとおりにさせ、娘を一生自分にしばりつけようとする母親と、そのような母親の干渉を拒否することに罪悪感を覚える娘、という症例のさまざまなケースが紹介され、分析が加えられている。ここにおいても一種のモラル・マゾヒズムがみられるが、息子に比べ娘は母親から従属的に位置づけられており、したがって息子の自発的な改悛を期待する母―息子関係におけるモラル・マゾヒズムに比べて、母―娘関係においてはより直裁に、母親の期待どおりの行動をとらないことは裏切りであり罪である、というメッセージが母親から娘に発されることが、鋭く指摘されている。

（3）広井多鶴子「戦後の家族政策と子どもの養育―児童手当と子ども手当をめぐって―」『実践女子大学人間社会学部紀要』第八集、二〇一二年。北明美「「子ども手当」とジェンダー」『女性労働研究』五六号、女性労働問題研究会、二〇一二年。北明美「社会政策の結節点としての児童手当制度とジェンダー」『社会政策』五巻三号、社会政策学会、二〇一四年。

（4）奨学金問題についてはＰｏｓｓｅ編集部「奨学金が「借金」なのは日本だけ⁉海外の教育支援政策と日本の奨学金制度の現状」（『Ｐｏｓｓｅ』Vol.17、二〇一二年）、大内裕和「奨学金制度はこれでいいのか」（『人間と教育』八一号、旬報社、二〇一四年）など。また、いわゆる教育学部における教員養成の観点からの分析に限定されてはいるが、奨学金問題の発端となった一九九〇年代における日本学生支援機構（旧・日本育英会）の奨学金改革などを詳しく知るには、藤森宏明「奨学金制度改革がもたらしたもの――教員養成系学部の動向をもとに」『日本教育政策学会年報』第一四号、二〇〇七年）が参考になる。

（5）日本における養育費をめぐる諸問題については、下夷美幸『養育費政策にみる国家と家族――母子世帯の社会学』（勁草書房、二〇〇八年）、厚生労働省『平成二三年度全国母子世帯等調査結果報告』二〇一二年、『離婚前の子どもの養育に関する取り決めを促すための効果的な取組に関する調査研究事業報告書』二〇一五年、五十嵐詠夢「離別母子家庭の養育費受給をめぐる現状と課題」（『北海道医療大学看護福祉学部学会誌』一一巻一号、二〇一五年）、棚村政行編著『面会交流と養育費の実務と展望――子どもの幸せのために』（日本加除出版、二〇一三年）など。なお、これらの研究においても、児童扶養手当などの公的扶養の存在が親の養育費支払い履行に対する「負のインセンティブ」（公的扶養を受けることもできるのだから、自分が支払いを履行しなくとも大丈夫だという意識の醸成）につながるとして、養育費支払い履行への行政介入の強化を条件に、養育費の受け取りの有無と児童扶養手当の受給資格を連動させるべきとの議論もみられるが、筆者はこれには懐疑的である。養育費不払いの親にそれを履行させる最終的な責任が行政にある、とされるのならばともかく、そうでないのならば、結局は養育費不払いに終わった場合、本文でも議論したように「相手が「きちんと罪悪感を抱いてくれるような、まっとうな男性」であるかどうか見抜けなかった、「男を見る目のなかった」」シングルマザーに対する社会的スティグマの強化につながる、と考えるからである。
（6）山田わかについては、著作集『婦人と新社會』（全七巻、クレス出版、一九九三年）における五味百合子の解説、および拙稿「〈稼ぎ手としての男性〉要求から〈愛国主義〉へ――山田わかの女性保護論」（『現代のエスプリ』第四四六号、至文堂、二〇〇四年）を参照のこと。
（7）女性運動の担い手のなかにも抜きがたく近代家族イデオロギーが内面化されていることや、女性運動内部での、いわゆる「ワーキング・ウーマンと主婦」「婚姻外の性関係をもつ女性と妻」などのあいだでの分断・主張の対立などについては、さまざまな論考で断片的に言及されてきた。しかし、その分断や対立の歴史を焦点化して体系的に編まれた日本女性運動史研究は、残念ながら現在までのところ成立しているとはいいがたい。さしあたって、そのような日本女性運動史研究の必要性を指摘している土橋博子「歴史をみなおし、今こそ婚外子差別の撤廃を」（『女たちの21世紀』No.61、アジア女性資料センター、二〇一〇年）を参照されたい。
（8）Refuge（一九七一年にロンドンで創設された、もっとも歴史ある反DV運動・シェルター運営団体のひとつ）のHPにも、二〇一五年について同様のデータが掲載されている（http://www.refuge.org.uk/get-help-now/what-is-domestic-violence/domestic-violence-the-facts/）。なお、このような「〇日に〇人の女性がDVで殺されている」「〇年においては〇日までに〇人の女性がDVで殺された」など、DVでの死亡者数を各種統計データから具体的に割り出し、一般の人びとにもわかりやすいキャッチフレーズにするということは、Counting Dead Women（「死亡女性を数える」の意）などと呼ばれる、イギリスのみならず多くの国の反DV運動が採用している戦術である。
（9）ホワイト・リボン・キャンペーンには同名の運動がいくつかある。ここで指すのは、一九九一年にカナダから始まったとされる、男性による女性への暴力撲滅のための国際ネットワークによる運

動。英語による運動サイトはhttp://www.whiteribbon.ca/
（10）竹信三恵子が著書『家事労働ハラスメント――生きづらさの根にあるもの』（岩波新書、二〇一三年）において、家事労働従事者が社会的に排除され、しかもそれが当然視されていくことを、社会による構造的なハラスメントである、と捉える言葉として「家事労働ハラスメント」という用語を提唱していたにもかかわらず、二〇一四年七月に旭化成ホームズ共働き家族研究所が「（夫の）家事に対する（妻の）何気ないダメ出し」を「家事ハラ」と定義する『妻の家事ハラ白書』と題された報告書を公表し、竹信および女性運動からの抗議を受けた事件。詳細は、働く女性の全国センターHPにおける「旭化成ホームズ　家事ハラ誤用に抗議　岩波新書「家事ハラスメント」著者・竹信三恵子さんから報告」（http://wwt.acw2.org/?p=2780）および、旭化成ホームズ「妻の家事ハラ白書」（http://www.asahi-kasei.co.jp/hebel/kajihara/index.html/）を参照のこと。
（11）二〇一五年一二月三日付け毎日新聞報道によると、同日の内閣諮問機関である男女共同参画会議専門調査会が了承した第四次男女共同参画基本計画案では、二〇年度末までの国家公務員本省課長級管理職の女性比率の目標を七％とするなど、「実現可能」すなわち三〇％の目標からはほど遠い数値が設定されたという。
（12）第二五回仕事と生活の調和連携推進評価部会・仕事と生活の調和関係省庁連携推進会議合同会議参考資料2の1、二〇一三年三月（http://wwwa.cao.go.jp/wlb/government/top/hyouka/k_25/pdf/S3-1-1.pdf）。
（13）警察庁生活安全局生活安全企画課『平成二六年中のストーカー事案及び配偶者からの暴力事案等の対応状況について』二〇一五年三月（https://www.npa.go.jp/safetylife/index.htm）。

2 「留守番」の政治学

＊公印つき「出席依頼書」

岩手に居ると、東京で女性運動をやっていては、なかなかお目にかかれないモノに出会うことがある。市町村長名で仰々しく発行された「出席依頼書」も、そのひとつだ。

女性センター主催のイベントや集会になかなか参加者が集まらないと、婦人会やPTAを通じて動員をかける、ということが地方ではしばしばある。こんな「動員主義」でやっているかぎり、自発的な市民運動はなかなか発達せず、男女平等推進の機運も行政からの「お仕着せ」を超えて盛り上がっていかないんだよねえ……と思っていたら、自発的にイベントに参加する市民たち自身からも、「イベントへの『出席依頼書』を市町村から発行してもらえないか」という要望が出るのだ、と聞かされて驚いた。

小さな村や町はもちろん、市街地ですら、旧くからの住民の多い地域では、「嫁が家を空ける」ことに対する風あたりが強い。とくに姑が、「あなたが家を空けると、私が家に居なくてはいけなくなり、外出できない」と不満を言い、嫁の外出を嫌うのだという。

だが、そういう地域は「お上」の権威にも弱いので、嫁が「これは、行政から頼まれているシゴトのための外出ですから」と言えば、逆らえない。かくて「葵の紋所」か「錦の御旗」か、朱肉の色も鮮やかに、市町村長の公印が押された「出席依頼書」の出番となる。

息苦しい地域社会の中で、日々四面楚歌で周囲と闘っているであろう女性たちに「女性運動は『お上』から自由であるべきだ」などと教条的なことを言う資格は、私にはまったくない。「出席依頼書」という紙切れ一枚で、彼女たちがひとときでも女性運動の空気にふれる時間がもてるなら、それもありなのかな、と思ったりもする。と同時に、これは「国防婦人会の仕事であれば、堂々と家を空けることができて、うれしかった」と述べた、戦前の主婦たちと同じではないか？という気もしてしまう。

＊性別役割意識と「嫁の留守番」との異同

興味深いのは、「嫁が家を空ける」ことへの反発を、「男はソト、女はウチ」という性別役割意識の表れだと、単純に捉えて済ませられない点である。姑もまた女性であるのに、彼女が活発に外出することは、むしろ当然であると考えられているからだ。問題視されているのは、女だてらに外の世界を自由に出歩くことではなく、「家を留守番する女性が居ない」ということのほうなのだ。

地方の旧住民が、「コミュニティの中に、留守番をする女性が居ない家がある」ことに対して抱く不満や不安は、新住民の多い大都市圏で生まれ育った人には、なかなか理解できないものではないだろうか。それは、「妻には専業主婦でいてほしい」と考える男性がしばしば言う、「自分が仕事から帰宅したときに、部屋には灯りがついていてほしい」という願望とは、似て非なるものである。

「帰宅したときに、部屋には灯りがついていてほしい」と言う男性も、自分が仕事をしているあいだならば、女性が買い物に出たり友人とランチをしたりするのは、別段かまわないと思うだろう。嫉妬深い男性なら、自分以外の男性が大勢いる場所には出入りしてほしくない、くらいは言うだろうが。

しかし、「どの家にも常に、留守番する女性が居るのが当然」という地域では、買い物というのは、家族の誰かがひとりは家に居て、留守番をしてくれる間に、さっさと済ませてしまうべきものだ。家を完全に空けて買い物に行くことが度重なり、しかもその時間帯が不規則だと、たちまち「あそこの家の嫁は、いつ行っても家に居ない」と、隣近所から非難されてしまう。実際には、一日のほとんどの時間を家で過ごしていたとしても、だ。

「嫁が留守番をして家に居る」ことは、夫や家族のためというよりも、コミュニティに対する義務なのである。もちろん農村でも、嫁が現金収入のために近所の会社や工場に勤める、というのはごく当たり前の光景だ。それでも、「家には留守番をする女性が居るのが当然」という考えは、なかなか揺るがない。

したがって、嫁が仕事をしているあいだは、姑が家の留守番を引き受けることになる。地方では、女性センターのイベント参加者に七〇代や八〇代が多い、ということも珍しくない。彼女たちがニコニコしながら、「ようやく嫁が退職したので、私も自由に出歩けるようになりました」と言うことがよくある。だがそれは、これまで嫁に代わって孫の世話や家事に追われていて外出できなかった、という意味では必ずしもない。孫が成長して世話が必要なくなっても、他に家の留守番をする女性が居ないかぎりは、姑は外出できないのだ。

そこまでして、なぜ、どの家にも留守番をする女性が居る必要があるのか。防犯のためか。隣の人がいつ回覧板を持ってきても、玄関先にあがってもらい、お茶を出してもてなすためか。おそらく、このように留守番をプラグマティックにとらえようとする思考自体が、新住民の多い都市圏で生まれ育った「よそ者」の視点なのだ。地方の旧住民にとっては、「留守番をする女性を有している家」「完全に不在になることがない家」こそが、コミュニティの最小単位であり、細胞のようなものである。それが、コミュニティがコミュニティとして成立するのに必要な基本条件だ、ということなのではないだろうか。

このような地域では、女性が就労し経済力を持つことが、彼女たちが自由に行動できるようになることには必ずしもつながらない。経済力を持つことによって、夫や他の家族員と彼女とのあいだのパワーバランスは変わるかもしれないが、「家を完全に不在にしてはいけない」というコミュニティの暗黙のルールが、変わるわけではないからだ。

だからこのような地域では、働く女性向けの集会やイベントを終業後の時間帯や土曜・日曜に開催しても、なかなか参加者は集まらない。彼女たちに参加の誘いをかけると、「そうねえ、その日、夫が留守番できるかどうか訊いてからでないと、出席できるかどうかわからない」と答えたりするのである。

＊旧住民コミュニティは権威主義的か

新住民の多い都市圏で生まれ育った者にとって、家というものはあらかじめ閉じられたプライベートな領域であり、家族という親密な者同士の集団が入っている容器のようなものである。だからこそ「家が完全に不在であるか、それとも留守番をする人が居るかどうか」は、単に容器が空の状態であるか否かというだけの問題であり、コミュニティに直接的には関係がない、と考えがちである。

新住民の多い都市圏で生まれ育った者にとって、コミュニティ活動とは家族同士あるいはそのような活動に参加意思のある個人同士が結ぶ、コネクタ（接続回線）のようなものである。容器同士を結ぶコネクタであるから、都合の良いときには接続するが、都合の悪いときは切断すればいいと考えられている。コミュニティ活動に熱心な者にとっては、そのコネクタは「常時接続の大容量回線」のような状態になるのであろう。そうであっても、あくまでもコネクタはコネクタであり、個人や家族そのものとは切り離し可能なものとして捉えられている。

しかし、旧くからの住民の多い地域においては、家族とはコミュニティに埋め込まれたものである。たとえ子どもの進学を祝うというような家族行事であっても、各家族が内輪だけで執り行い、コミュニティに対してお披露目をしないのは、好ましくないと考えられている。そのような行事の際に隣近所に「内祝」を配るのは、本来コミュニティと切り離せないはずの家族を切り離して、その内部でだけ事を執り行うという非礼に関する詫びなのである。

このように、旧住民の多い地域の「伝統的」コミュニティにおいて家族が閉じられたプライベートな領域とは成り得ていないことについては、これまでにもさまざまな議論がなされてきた。日本における近代的な個人主義やプライバシー概念の未成熟であるとか、「お上」に対して「私」を主張できない日本社会の権威主義的伝統であるとか……。これらの議論は、「伝統的」コミュニティを、「家」同士がその家格によってヒエラルキカルに位置づけられるような、「家」制度の拡大版として捉えているのではないだろうか。

だが、女性たちが市町村からの「出席依頼書」がなければ女性センターの集会に参加できないという問題は、家格が上の者や年長者が下位の者に対して自由な行動を許さない、というコミュニティ内の権威主義の問題であるというよりも、コミュニティ内での「家を完全に不在にはしない」という相互義務の履行をめぐる問題である。むしろ、コミュニティ内の相互義務に対しての「お上」、すなわち行政の優越に表れる近代的な権威主義こそが、女性の個人単位での自由な行動を可能にしている。

＊「個人における近代」は不可避か

日本において一九八〇年代以降、女性のコミュニティ活動をめぐる議論や研究がもっぱら注目してきたのは、都市郊外の新住民主婦ではなかっただろうか。[(1)] とりわけ上野千鶴子が、新住民主婦のあいだでしばしばみられる、固定的で自分の帰属を自由に決めることのできない「血縁・地縁」とは異なる、地域における趣味や相互ケアのゆるやかな人間関係を、「選択縁」と呼ぶことを提唱して以降、[(2)] 議論の焦点は、いかにして選択縁を男性も巻き込みつつ地域に構築していくかに、あてられるようになった気がする。このような議論において、地縁の崩壊は暗黙の前提となっていた。

一方で、私が目にした「出席依頼書」とは、激しい人口減少や高齢化におそわれている地方において、コミュニティにおける地縁的なつながりが、他ならぬ女性たち自身にとっても、なお維持すべきものとみなされ続けていることを、示すものなのではないだろうか。地方に残った（あるいは戻った）旧住民女性たちは、地縁を「うっとうしいもの」だと割り切り、簡単に放り出してしまうことが、できないのだ。しかし同時に、選択縁に対するニーズや欲求もあるので、姑世代は地縁／選択縁を年齢序列に割り当てることで解決をはかろうとし、嫁世代は「出席依頼書」によってその割り当てに風穴を開けようとする。

このような世代間葛藤を、旧弊な地縁規範への囚われだと単純に片付けて看過してしまおうとするのは、ある種の近代主義的・進歩主義的な「上から目線」なのではないか、と私は思う。

一九九〇年代以降、セクシュアリティや生殖に関する「自己決定」を議論する中で、フェミニズムはしだいに、自立した「個人」や「主体」を前提とする考え方への懐疑を強めてきたのではなかったか。

たとえば、卵子を凍結しておいて「職場に迷惑をかけない」時期に出産しようとするような、テクノロジーによって都合よくコントロールできる「モノ」として身体を扱うことが、本当に女性を解放するのかを疑ってきたのではなかったか。あるいは、他者との関係を「自立した個人同士の、功利主義的な契約関係」とみなすことによって、制御しきれない老いや病をかかえた者への差別や、彼らへのケアをかかえこんで切り捨てられない者の、功利主義では説明できない行動原理や不公平感を、問題化しようとしてきたのではなかったろうか。(3)

それはとりもなおさず、コミュニティ活動という「他者」との関係性を、自立した個人が互いに都合よく自在に接続／切断し合うコネクタのようなものとして、「主体」から切り離され外部にあるものとして捉える見方、それ自体に修正を迫るものでもあるのではないだろうか。

「デイケア？　利用しねぇよ、ここらへんは、ふらっとよそン家さ行けば、必ず嫁さんか誰か居て、お茶っこ出してくれて、お喋りサァできるもの」と語る、八〇代の女性に対して、プライバシー概念をもつことを私たちは説くべきなのか。「代わりに家の留守番をしてくれる家族が居ないかぎり、自由に外出はできない」と思い込んでいる四〇代の女性たちに、「地縁規範からの解放」「もっと〝自分の都合〟を主張する〝主体性〟を持て」と説くことが、果たしてフェミニズムが向かうべき道なのだろうか。

もちろん、女性が個人で自由に行動できない状態を是とは言い切れない。だとすれば私たちは、少なくとも「家族における近代」、すなわちコミュニティから家族を切り離し、あらかじめ閉じられたプライベートな領域として扱うことを、一度は通過しなければならないのだろうか。「内祝」を配り合う関係性を一度は破壊し尽くし、親密な関係性が家族という容器の中に限定される経験を徹底し、「個人における近代」すなわち功利主義的な契約関係を結び合う近代的個人主義を経験し尽くした後でなければ、フェミニズムが模索する「主体」の新たなかたちに至ることは、できないということなのだろうか。

少なくともいま言えることは、フェミニズムは近代的個人主義の限界を指摘し、ときとして「他者」へのケアに引きずられ、「他者」により脅かされる可能性を常にかかえこんだ、「可傷性のある（ヴァルネラブルな）主体」への到達を模索しているが、それはきわめて抽象的な哲学的議論か、さもなければ地縁と選択縁との両立に悩む必要のない新住民女性を前提にした議論にとどまっている、ということだ。

「ようやく嫁が退職したので、私も自由に出歩けるようになりました」とほほ笑む七〇代・八〇代の女性たちに支えられている地方の女性運動の現実について、何かを語るところまでは、まだほとんど手がつけられてはいない。しかし、多くの女性たちにとって、このような地方の女性運動こそが、もっとも身近な「日常としてのフェミニズム」に他ならないのではないだろうか。

（1）矢澤澄子編『都市と女性の社会学——性役割の揺らぎを超えて』サイエンス社、一九九三年、佐藤慶幸・天野正子・那須壽編著『女性たちの生活者運動——生活クラブを支える人びと』マルジュ社、一九九五年、国広陽子『主婦とジェンダー——現代的主婦像の解明と展望』尚学社、二〇〇一年、など。

（2）上野千鶴子・電通ネットワーク研究会『「女縁」が世の中を変える——脱専業主婦のネットワーキング』日本経済新聞社、一九八八年（二〇〇八年に新たな書き下ろしを加えて、『「女縁」を生きた女たち』と改題し、岩波書店より出版）、上野千鶴子『近代家族の成立と終焉』一九九四年、岩波書店、など。

（3）「ケアの倫理」に関するキャロル・ギリガンの議論（『もうひとつの声——男女の道徳観のちがいと女性のアイデンティティ』岩男寿美子訳、川島書店、一九八六年）や、マイノリティが差異を維持したまま存在し得る場所としての「ホーム」の政治的意義に注目するアイリス・ヤングの議論（『正義への責任』、岡野八代・池田直子訳、岩波書店、二〇一四年）、マッチョな「主体」を理想とするアメリカ社会がいかに覇権主義に陥っているかを批判するジュディス・バトラーの議論（『戦争の枠組——生はいつ嘆きうるものであるのか』清水晶子訳、筑摩書房、二〇一二年）、「依存労働（依存者の世話をする仕事）」者が不利益を被らないような、近代的平等観とは異なる「つながりの平等」観の確立を模索するエヴァ・キテイの議論（『愛の労働あるいは依存とケアの正義論』岡野八代・牟田和恵訳、白澤社、二〇一〇年）などは、日本のフェミニズムにも大きな影響を与え、盛んな紹介・検討がなされている。以下の日本における各議論も、示唆に富む。山根純佳『産む産まないは女の権利か――フェミニズムとリベラリズム』勁草書房、二〇〇四年、牟田和恵編『家族を超える社会学――新たな生の基盤を求めて』新曜社、二〇〇九年、有賀美和子『フェミニズム正義論――ケアの絆をつむぐために』勁草書房、二〇一一年、金井淑子『依存と自立の倫理――「女／母」(わたし)の身体性から』ナカニシヤ出版、二〇一一年、岡野八代『フェミニズムの政治学――ケアの倫理をグローバル社会へ』みすず書房、二〇一二年、など。

3 「小泉純一郎好きおばちゃん」はミーハーなだけなのか？

＊共和党支持の女性はカラフル・スーツを好む？

かつてNHKで放映していた、『ふたりは最高！ダーマ＆グレッグ』というアメリカのテレビドラマをご存じだろうか。

ヒッピーの両親を持ち、ユニークで快活なヨガ・インストラクターのダーマが、超真面目な青年検事グレッグ——良妻賢母で気の強い母親と、やり手の実業家でありながら妻の尻に敷かれっ放しの父親を持つ——と結婚したことから起こる、日々のドタバタを描いたコメディである。このドラマの笑いのツボのひとつは、グレッグの母親が熱心な共和党支持者で、どんなにカジュアルな場面でもカラフルなスーツ（日本では皇族か、さもなければ女性政治家が着るようなタイプのもの）を着て、ハイヒールを履いていることだ。

もちろん、実際の共和党支持の女性が皆いつもスーツを着ているわけではないだろうが、「共和党支持の女性はこういう人」というステレオタイプがアメリカには存在しており、そのことがコメディのネタになる、ということは興味深い。翻って日本で女性支持者のイメージがすぐに湧く政党といえば、せいぜい首都圏を中心とした生活クラブ生協などを基盤とする地域政党くらいではないだろうか。自民党支持者の女性と民主党支持者の女性を、誰にでもわかるように描き分けろ、と言われても難しい（もともと自民党所属だった民主党議員もいっぱいいる）。

そもそも、日本のドラマで女性が政治と結びつけて描かれるのは、「代議士の妻たち」みたいな政治を正面から題材にしたものであり、ホームドラマやコメディではまずない。ところが「ダーマ＆グレッグ」では、家族そろっての食事だとか外出だとか、ほとんど親密圏の内側しか描かれない。そのような親密圏の日常において、グレッグの母親が共和党支持であることはさまざまなハプニングをもたらし、それを視聴者は笑うというつくりになっている。どの政党を支持するかで家庭生活のスタイルが違うというのは、どうやらアメリカではきわめて自然なことであるらしい。

＊ビッグ・データが変える女性有権者イメージ

しかし近いうちに、日本でも「○○党支持者」のステレオタイプがさまざまなドラマなどに描かれるようになり、人びとになじみあるものになっていくかもしれない。二〇一二年にアメリカのオバマ大統領はいわゆる「ビッグ・データ」を活用し、効果的な選挙戦を行って再選を勝ち得たとされ、このことは日本においても大きな注目を集めた。

「ビッグ・データ」とは、検索エンジンやクラウド（特定のパソコンに保存されたものではなく、インターネット経由で他者と共有もできるかたちで保存されている、データやアプリケーション・

ソフトを利用するサービス)などのネットコンピューティング・サービスに蓄積されていく、利用者のネット閲覧履歴やネットショッピング購入歴などの、文字どおりの「膨大な情報」のことである。(1) ビッグ・データの分析によって、従来であれば特定が難しかった、読書の好みや服装の趣味、行動範囲や政治信条にまで至る、個人のさまざまな志向性を総体的に把握できると言われる。

オバマの選挙対策スタッフはこのビッグ・データ分析を活用して、「典型的な民主党支持者」や「民主党支持になりやすい層」を割り出し、それぞれの層に訴えかけるきめ細かいキャンペーンを行った、とされる。

二〇一三年に、ホームページやブログ、SNSなどを活用した、いわゆる「インターネット選挙運動」が解禁されて以来、日本でも選挙活動へのビッグ・データの活用が盛んに主張されている。だが、いまのところ「○○党支持の女性はこういう人」というステレオタイプが浮かび上がってきている様子はない。カラフルなスーツをネットで買ったら、共和党から政治集会への参加勧誘メールが届くみたいなことが起きるようになるのが、そもそも望ましい社会変化かどうかは大いに疑問である。

とはいえ、今後、女性有権者を十把ひとからげにせず、異なる政治志向や関心をもつ諸グループの集合体ととらえる見方が促進されるのだとすれば、その点だけは好ましい変化だといえるかもしれない。というのも、これまでのさまざまな報道や政治分析において女性有権者は、「地域や夫の職場のしがらみで後援会婦人部に組み入れられている」組織票以外は、「人気のある男性政治家に飛びつきやすい、非政治的な無党派層」であるかのように扱われることが多かったからだ。

＊男性政治家への「疑似恋愛」説

近年、俳優や歌手を「甘いマスク」と形容することは少ない。「甘いマスク」という言葉からは、古典的な美男子、つまりは古臭かったり、正統派過ぎて面白みのない美男子、というイメージが生まれてしまうからだ。にもかかわらず、「甘いマスク」という形容がいまでもしばしば登場するのが、実は政治報道である。

たとえば、民主党の党首選についての報道。かつて菅直人首相が誕生した直後、彼を形容する言葉として「市民派」や「イラ菅（短気）」の次くらいに多用されたのが、「甘いマスク」ではなかっただろうか。「甘いマスク」という言葉には、必ずしも十分な政治的資質をもっていないけれども、女性票を獲得しうる男性政治家への嫉妬混じりの揶揄が見え隠れする。さらには、「表面的な容姿の良さに魅かれて軽々しく投票する、ミーハーな」女性有権者への侮蔑も、含まれるだろう。

それに比べて「美人」女性議員に関する報道では、選挙戦の服装におけるスカート丈が注目されたりはするが、「脚線美に幻惑されて軽々しく投票をした」かもしれない男性有権者への侮蔑は、それほど強く感じられない。(2)また、「美人」女性議員に対する揶揄はもっぱら、美貌を利用して大物政治家に取り入ったとか、議員になる以前に(性的サービス業を含め)容姿を売りにする職業に従事していた、などといった類に向けられ、選挙民との関係性はあまり問題にされない。つまり、男性有権者に比べて女性有権者のほうが、政治家と疑似恋愛的な関係を結ぶ存在とみなされがちなのだ。

このような有権者観を、女性への偏見——しかも、異性愛規範を前提とした——であると一蹴しにくいのには、理由がある。小泉純一郎元首相や石原慎太郎元東京都知事のような右派ポピュリスト政治家の登場に際し、少なからぬ女性が彼らを支持していることが、各種世論調査で示されたからだ。福祉を削減する彼らの政策によって女性の貧困化は進み、とりわけ石原は女性蔑視発言を繰り返していたにもかかわらず、である。

彼らの支持層の構造を解明しようとする論考は少なくないが、女性支持者がどのように生み出されているのかの説明に、成功しているとは言いがたい。彼らの特徴である独善的なまでの「強いリーダーシップ」や、新自由主義的な経済政策自体は、男性からの支持が高いという結果が、諸調査では出ているからだ。つまり、彼らが選挙民から支持される理由として通常挙げられる諸要素から考えると、男性の支持が高く女性の支持が低い、という結果でもおかしくない。ところが、実際には女性のほうが男性よりも彼らに対する高い支持をしばしば示す。

そこで浮上するのが、前述の「疑似恋愛」説だ。さすがに研究論文でこの説を大真面目に論じたものを見たことはないけれど、メディア報道では陰に陽に、小泉の「甘いマスク」や石原の「裕次郎を弟にもつだけのことはある格好の良さ」が、女性有権者を惹きつける大きな要因だと言わんばかりの主張も、ちらほら見かけた。

＊政治への回路としての親密圏

このような女性の「非政治性」について、私の見つけたあるブログには、「女性が家の中に居て、社会の厳しい現実を知らないからだ」という意味のことが書かれていた。同様の主張は少なくなかろう。女性に無党派層が多い理由も、職業を通じていずれかの政党支持へ結びつく機会に乏しいため、と説明されることがある。働いていないか、あるいはパートのような断片的な働き方しかしていない女性は、政治家に対して（外見の美醜以外の）判断材料を持ち得ず、お気に入りの俳優やアイドルを選ぶときのように投票する政治家を決めるのだ、と。

「地元商工会議所が〇〇候補の支持を決めたから」とか「××議員の意向に逆らったら、次回以降の入札からはずされるから」といった理由による投票と比べたら、美醜で投票することがそれほど批判されるのか？という気もしなくもないが、とりあえずそれは措いておく。ここで問題にしたいのは、日本の政治評論において、親密圏は政治イデオロギー的に中立な領域とみなされがちだ、ということだ。そのため、もっぱら親密圏が居場所である主婦やパート女性は、非イデオロギー的な存在とされてしまう。

だが、中絶合法化や同性愛婚の是非が政治の争点になる欧米では、政治イデオロギーとまったく無縁に、人びとが自由に親密圏を営み得るわけではない、ということが日本に比べて意識されやすいのではないか。たとえ専業主婦でも、望まない妊娠をしたとき、中絶が可能か否かは政治のあり方に左右される。親密圏において日々どのような行動をとるのかは、どのような働き方をするのかと同じくらいに、私たちと政治イデオロギーとを結びつける。それは、「親密圏においてケアを担うことの多い女性は、福祉を重視する社会主義政党や女性政治家を支持する」という、単一の結びつきばかりではないはずだ。

この点で興味深い指摘をしているのが、樋口直人ら「知事研究会」による二〇〇五年の調査である。[3] 東京の八つの区・市で、人びとがどのような政治意識および社会的・文化的価値観を持っているのかを調査し、その意識や価値観の類似性を一〇のグループ(専門用語では「ミリュー」と呼ばれる)に分けている。私が気になったのは、この調査で「アーバンヴィレジャー〈直訳すると、〝都市型〈村社会〉住民〟〉」と命名されたグループである。このグループの特徴として、こう指摘されている。

「高年の中下層が多く、女性比率がもっとも高い。人付き合いが多く、労働組合を除くあらゆる集団への加入率が高い……都市居住者でありながら地縁・血縁ネットワークを強く保持している……いわゆる「東京下町の主婦」が想起される。テレビはクイズ、ワイドショー、スポーツ、ドラマ、ドキュメンタリー、芸術文化番組とジャンルを問わずよく見ている。価値意

識は伝統的な規範を重視し、快楽志向が弱い……これは世代的な傾向であろう」(4)

　このグループは、同性愛や夫婦別姓に寛容な「文化的自由主義」(5)に批判的な価値観をもつ人びとで構成され、石原慎太郎の支持層にもなりやすく、かつこのグループに属する人のうち六八％は女性であり、職業としては主婦や自営が多いという。この調査は必ずしもフェミニズム的関心にもとづいて集計されてはいないので、不明な点も多いものの、公表された数値から私が算出した推計値では、「アーバンヴィレジャー」を含めて文化的自由主義に批判的なことが明らかなグループに属する女性は、女性全体の実に二五・五％を占めた。

　女性＝「リベラル」というイメージがある。ところが、四分の一の女性は性役割規範から自由な社会に積極的に反対であり、しかも所得の高くない比較的高齢の主婦が多いらしいのだ。

＊右派ポピュリズム支持と「活動主婦」文化

　女性であっても年齢が高い層では性役割規範の支持が高いことは、これまでもよく知られてきた。樋口らの調査がユニークなのは、収入や居住地域、町内会やボランティアなどの社会集団への参加状況などもあわせて調べ、職業生活以外にどのようなライフスタイルを送る層が、どのような政治意識や価値観をもつ傾向があるかを明らかにしようとした点にある。

　この調査によれば、前述の「アーバンヴィレジャー」と似た政治意識や価値観をもち、やはり文化的自由主義に否定的な人びとのグループ＝「オールドライト」（直訳すると〝昔ながらの保守層〟）は、町内会や同業者組合、政党後援会や宗教団体といった旧くからある団体の活動にもっぱら参加する。一方、「アーバンヴィレジャー」は、消費者団体やサークル、ＰＴＡ、自然保護団体やボランティアにも積極的に参加し、友人や近所との交流も活発で、「仕事や家庭のほかに、心のよりどころになるようなライフワークや趣味をもつこと」という問いに賛成するなど、活動志向が強いという。

決して「夫が『右を向け』と言ったら、黙って右を向くもの」だと思い込んでいるような、いわゆる封建的なライフスタイルを送る女性ではない。おそらく彼女たちは、夫から「町内会では○○党の××候補の支持を決めたよ」と言われて、唯々諾々と従うだけの「家族票」ではない。低所得層の多い地域に住み、ボランティアとして近所の独居高齢者に食事を届け、公民館で開かれるコーラス・サークルへの参加を楽しむ、というような彼女たちの日常生活それ自体に、小泉や石原に魅かれるような価値観を醸成する何かが、あるはずなのだ。

右派ポピュリストの支持層に対する分析はその後もいろいろ行われており、専業主婦や自営業層による支持が高いことは多くの調査に表れている。だが、「女性や専業主婦の内部における、右派ポピュリスト支持層の位相」について掘り下げた分析は、残念ながらほとんどない。(6)

ボランティアやサークル活動に熱心な「活動主婦」文化は、介護や育児は家族の内部だけでかかえこむべきだという近代家族イデオロギーと対立するものであり、親密圏を地域に開き、性別役割観を壊していくものであるかのように論じられがちである。しかし、樋口らの調査を見るかぎり、それは「活動主婦」文化のうちの、高所得層を中心とした一面にしかすぎない。生活クラブ生協系の政党の支持基盤になりそうな、リベラルな「活動主婦」層は、樋口らの調査では「教養市民」というグループに属する。ここに属する女性は、私の推計では女性全体の一一・〇%にしかならず、「アーバンヴィレジャー」よりも少ない。フェミニズムはどうやら、もうひとつの「活動主婦」文化を見落としてきたようなのである。(7)

(1) ビッグ・データについては、総務省『平成24年版 情報通信白書』(http://www.soumu.go.jp/johotsusintokei/whitepaper/ja/h24/pdf/index.html)のほか、森健『ビッグデータ社会の希望と憂鬱』河出文庫、二〇一二年などが参考になる。
(2) 小泉進次郎などの「甘いマスク」と形容される政治家は、「キャーキャー騒ぐ女性支持者」との握手シーンとセットで報道されやすい。一方、ミニスカートのまま選挙カーの上に登る女性政治家は、その露出した脚自体が報道されることはあっても、「脚線美を見てニヤつく男性支持者」とセットで報道されることは少ない。
(3) 知事研究会のウェブサイトの報告書「脱政党時代の地方政治における民主主義の再編」参照。http://homepage2.nifty.com/chijiken/report.html
(4) 前掲『ビッグデータ社会の希望と憂鬱』第九章「日本的ミリューの構造」より。
(5)「同性どうしが、愛し合ってもよい」「男女が結婚しても、名字をどちらかに合わせる必要はなく、別々の名字のままでよい」「結婚しても、必ずしも子どもを持つ必要はない」「日本に永住する外国人には地方の参政権を与えるべきである」という四つの質問に肯定的な人ほど、「文化的自由主義」傾向が強い、とされている。

（6）橋下徹が率いる「大阪維新の会」への支持層を分析し、「格差社会化の中で生まれた不安定労働者層が、ポピュリズムに煽られた熱情的支持をしているというよりも、ミドルクラスを中心とした広範な層による冷静な支持がみられる」と指摘して注目を浴びた、善教将大・石橋章市朗・坂本治也「大阪ダブル選挙の分析―有権者の選択と大阪維新の会支持基盤の解明―」（『関西大学法学論集』第六二巻第三号、二〇一二年）でも、専業主婦・自営業層の支持が大きいことを指摘しつつも、この層は「比較的富裕」だと述べるにとどまっている。〝ライフコースの大半を通じて専業主婦であり続けられる〟層は、たしかに比較的富裕ではあろうが、この層と〝調査時点で専業主婦である〟層とは、必ずしも一致しない。育児期に約六割の女性が離職する日本においては、とりわけ三〇代女性における〝専業主婦〟層は、富裕とは限らない。周燕飛「専業主婦世帯の収入二極化と貧困問題」（『独立行政法人労働政策研究・研修機構ディスカッション・ペーパー』12―08、二〇一二年）によれば、妻が専業主婦の世帯の貧困率は二〇一一年で一二・四％にも達している。専業主婦層はその内部にさまざまな格差や差異をもっているのであり、ひとつのまとまった経済階層あるいは職業集団であるかのように、みなすべきではない。

（7）近年、「草の根」保守・排外主義グループに参加する女性たちへの関心は、徐々に高まりつつある。鈴木彩加「草の根保守の男女共同参画反対運動――愛媛県におけるジェンダー・フリーをめぐる攻防」『年報人間科学』第三四号、大阪大学大学院人間科学研究科社会学・人間学・人類学研究室、二〇一三年。北原みのり・朴順梨『奥さまは愛国』河出書房新社、二〇一四年、など。

第４章

融解する境界線

DVD見放題
完全防音ルーム
ハイスペック
PC導入
金太郎
グループ
DVD鑑賞
診察パブ
ナース+コール
2F
キャバクラ
GIRL'S NAVi
DVD&ビデオ
歌舞伎町の
サラリーマンの味方
金太郎

1 子どもの「連れ去り」と「置き去り」の国際化

＊ＰＴＡにとまどう外国出身の母親たち

「アノ、ワタシ、昨日ヨウヤク辞書ツカッテ、プリント読ミマシタ。ワタシ、明日ナニカ学校ノ仕事シナイトイケナイ？　デモ、明日、下ノ子ドモヲ、病院連レテク。ドウシタライイデスカ？」

電話の向こうから不安げな、たどたどしい日本語が聞こえてくる。

私の子どもが通っていた東京都のとある公立小学校では、参観日や運動会などで学校に来る人びとの受付は、ＰＴＡ活動として親たちが担当することになっている。ＰＴＡ役員が担当日時の割り振りを決め、親たちに事前に依頼の手紙(プリント)を出す。都合が合わない親は、担当役員に連絡して、他の親と担当日時を交換するなどの調整を行わねばならない。

ある年に私は、ＰＴＡ役員として、この「日程調整をする役」を引き受けていた。子どもが急病になって家を空けられなくなったとか、職場で急な仕事が入ってしまってどうしても断れないとかいう親も多いので、本来必要な人手より多めに依頼を出す。だから、一人や二人の親が来られなくなったとしても、支障は出ないようになっている。

「大丈夫ですよ。他の人も仕事に来ますから。休んでもＯＫです」と答えると、「ダイジョウブ？　ダイジョウブ？　アリガト」と、ホッとした声が返ってきて、電話は切れた。

外国出身の母親が、日本語で書かれたプリントをなかなか読むことができず、直前になってようやく内容を理解し、大慌てで「都合がつかない」という連絡の電話をかけてきたのだ。あのイントネーションは、フィリピンや南米ではなさそう。韓国とも違う気がするし、たぶん中国だろう。言語の壁もさることながら、そもそも（日本独特の）「ＰＴＡ活動」という概念を理解できない親も多い。

この小学校では、父親が外国出身だと、子どもは父親の姓を名乗るか、あるいは結合姓、つまりテニス選手の「クルム伊達」のような二つの姓の併記をすることがほとんどなので、すぐにわかる。しかし、母親が外国出身の場合、子どもが日本人である父親の姓を名乗るためわかりづらい。そういう家庭でも、父親が外国出身の母親に代わってＰＴＡ活動をすることはめったにない。そして、片親が外国出身という子どもの中で、圧倒的に多いのは後者、つまり母親が外国出身であるというケースだ。

結果的に、ＰＴＡ活動をすっぽかすとか、学校に提出しなければいけない書類や物を提出しないとかいうことが重なる中で、「○年△組の××ちゃんのお母さんって、外国人みたいよ」「じゃあ、あの家庭にＰＴＡ活動をお願いしても、無理なのね」という噂が、母親たちのあいだでヒソヒソとささやかれ、広まっていく。腫れ物に触るように、「あの家庭には大切な仕事はお願いしないようにしましょう」という申し合わせをするばかりで、たとえばPTAのプリントは二カ国語で書きましょうといった話は、どこからも出てこない。

かくいうこの私も、語学力の不足もさることながら、主婦や自営業の母親たちと日程調整して、平日の午後にPTA活動室に行き、一緒になってプリントの文案を考えたり印刷したりという時間をなかなか取れずに、顰蹙《ひんしゅく》を買った。そんな提案をしたところで、「日本語のプリントをつくる時間も取れないくせに、二カ国語だなんてアナタ何様⁉」と、他の母親たちからブーイングが出るのは目に見えている。

もちろん、だからといって、私が何もしなかったことが正当化されるわけではない。私は、無力感にとらわれながら、電話機を見つめる。その向こうに居たはずの、私の子どもと同じ年ごろの子どもをかかえた母親の顔を、あれこれと勝手に想像しながら。

＊ハーグ条約批准問題

このような国際結婚の増加の中で、離婚や子どもの親権などに関する国際基準の整備が急務となっている。現時点で合意された国際基準として、国連加盟国に批准が求められている条約のひとつが、一九八〇年に採択された「国際的な子の奪取の民事面に関するハーグ条約」だ。

離婚あるいは破綻した夫婦の一方が、親権や別居親の面会権を定めないまま、無断で国境を越えて子どもを連れ去った場合、子どもを元の国に戻すことなどが定められたこの条約を、G

７（先進七カ国）の中で唯一日本は、近年まで批准してこなかった。その一因には、「日本へ子どもを連れ去った」として告発される親の大半が女性だ、という点もあった。女性運動に関わる人たちのあいだでも、批准の是非についての意見は分かれてきたのである。

「親同士がどんなに顔を合わせたくなかろうとも、子どもには両方の親と交渉を持つ権利がある。子どもが別居親と会うのを拒否しないかぎり、面会交渉は基本的に認めるべきだ」

「離婚前に虐待を受けていた子どもほど、虐待をした親を別居後も恐れ続け、本当は会いたくなくてもＮＯと言えないことが多い。また、女性の地位が低くＤＶ自体が表面化しにくいがゆえに、母子が命からがら国境を越えて逃げるケースも多い。批准は、このような女性たちから最後の避難場所を奪うことになりかねない」

そもそも日本国内では、別居親の面会権が十分に確立されていない。しかも、公的機関や第三者が親権の確定に介在しなくても、届の記載に不備さえなければ離婚可能な「協議離婚」が主流であるため、親権をめぐるトラブルが絶えないと言われている。さらには、別居親との面会権の確立が進まない背景として、子どもは私的扶養が原則とされているうえに、十分に機能している養育費取り立て制度がないことがある。(1)

このような状況に、女性の賃金水準の低さが加わって、離別母子世帯は深刻な貧困に陥る。それゆえ、「面会権は、より実効性ある養育費取り立て制度とセットでなければ容認できない」「ＤＶ加害者の元夫に面会させる危険ばかりが増して、貧困を放置するなら踏んだりけったり」

と主張する女性は多い。

一方で、「母親のほうが親権獲得で有利なのは逆差別だ」「養育費だけはもらうが、子どもに会わせないというのは身勝手だ」「リストラされて養育費が払えない父親にも、子どもに会う権利はあるはずだ」などという「父親の権利」団体の主張もあり、泥仕合が繰り広げられている感がある。

面会権と養育費の問題は切り離すべきだ、というのは正論だが、現実に存在する問題が必ずしも直視されてはいないとも、私はこのごろ思う。

ＤＶや虐待の加害者であった親に対しては、裁判所などしかるべき機関がそれを見抜き、必要に応じて共同親権や面会権を剥奪すればいいことで、共同親権や面会権自体はきちんと確立されるべきとの主張がある。しかし、裁判所がＤＶや虐待の事実を認めるまで闘い抜けるか、そのための弁護士費用や裁判中の生活費を工面できるか、そこに父親と母親とのあいだの経済的・社会的格差が影響しないわけはない。離婚した女性の多くが、面会権と養育費の問題を切り離したがらないのは、経済力がないまま面会を認め、結果、子どもや自分が再び暴力や連れ去りの被害に遭うことがあれば、男性と対等に争い、闘い抜くことが困難であることを、心のどこかで感じ取っているからではないのか。

関口晃治の指摘によれば(2)「ハーグ条約が作成された一九七〇年当時に想定されていたのは、外国に居住する監護者でない父が、監護者たる母から子を連れ去るということであった」という。つまり、跡継ぎをほしがる男親が離婚協議をきちんと行わないまま妻を一方的に遺棄して、自分の出生国に息子を連れ去ってしまう、というケースが懸念されていたらしい。ところが、近年のデータを見るかぎり、母親が連れ去るケースが七割を占めるという(3)。

連れ去りにおける国籍・民族とジェンダーとの関連は、各種調査をみても必ずしも明らかでないが、メディアでも取り上げられた有名な事件には、フランス人の父親の元からロシア人の母親が子どもを連れ去ったケース（エリーズ事件）、アメリカ人の父親の元からブラジル人の母親が子どもを連れ去ったケース（ゴールドマン事件）、同じくアメリカ人の父親の元から日本人の母親が子どもを連れ去ったケース（サボイ事件）などがある。

これらをみると、連れ去りの動機として「男性と対等に争い、闘い抜くことが困難」だという女性側の実感が存在するのだろうと、思ってしまわずにはいられない。日本弁護士連合会が会員に対して二〇一一年に行ったアンケート調査の結果を見ても、日本から子どもを連れ去る場合、父親が連れ去る場合は欧米先進国か、女性の法的地位の必ずしも高くない中東へ、というケースが目立つのに対し、母親が連れ去る場合はフィリピンや東欧へ、というケースが目につく(4)。

二〇一一年に日本は閣議でハーグ条約批准を決定し、一三年の国会での関連法成立を経て、一四年より正式な批准国となった。グローバル化の中では、親密圏に関わる法律や諸制度も国際基準へ揃えていかざるを得ないし、連れ去りという行為は決して好ましいものではない。だからこそ、「あるはずなのに、証明が困難な、国境を挟んでのジェンダー間の力関係」に打ち勝つための社会的資源を、一日も早く整備していく必要があるだろう。

たとえば、在外日本人会などと協力して、日本人女性やアジア系女性が利用しやすい女性センターを海外に建設する。逆に、国内における男女共同参画センターでも、国際結婚カップルに対応できるDV防止プログラムの開発や職員の育成をはかる。このように考えられることは多い。DV被害女性のシェルター施設では、すでに外国人女性への対応ノウハウを蓄積しているところは少なくない。それを各地のさまざまなジェンダー関連施設で広く共有していくことが、今後ますます重要となっていくだろう。

＊子どもを置いて失踪した南米出身の母親

私は、ハーグ条約に関わる話を聞くと、対照的なひとりの母親のことが、いつも脳裏に浮かぶ。私が個人的にかかわっていたある地域で、ひとりの南米出身の母親が、子どもを置いたまま失踪したのだ。私はその母親とはたまにすれ違う程度で、会話をしたことはまったくなかった。日本語がほとんどできないという評判だった彼女とは、機会があっても会話は不可能だったろう。彼女が、元「立ちんぼ」、つまりセックス・ワーカーだったという噂は、「子どもを置いて失踪した」彼女を非難する他の母親たちによる悪口だったのか、事実だったのか、本当のところはよくわからない。

　私が彼女を最初に見かけたときには、すでに日本人の夫とは不仲だったのだろうか。いつも思い詰めた顔をしていて、たまに南米出身の他の母親と一緒にいるときは、ポルトガル語なのかスペイン語なのか、早口でまくしたてながら泣いていた。彼女の失踪先が日本国内なのか、それとも母国に帰ってしまったのかは、わからない。いずれにせよ、「子どもを置いていくなんて」というのが、この事件を知るほとんどの日本人の母親たちの反応だった。だが私は、日本語もできず手に職もない彼女にとって、子どもを連れていくという選択がいかに困難だったか、彼女の苦しみを思うと、母親たちの非難に同調する気にはなれなかった。

　彼女が仮に、子どもを連れて帰国していたとしたら、まさにハーグ条約違反になるわけだ。だが彼女は、子どもを連れては行かなかった。日本語が不自由だった彼女にとって、怪しまれたり夫に通報されたりせずに子どものパスポートを取って帰国することは、不可能に思えたのだろうか。あるいは、物質的に豊かな日本社会に置いておくほうが、子どもの未来が開けると考えたのか。それとも「いま、ここから逃げ出す」以外のことは、何も考えられなくなっていたのだろうか。

　日本への子どもの「連れ去り」のほとんどが女性によるものだというけれど、逆に、日本に子どもを「置き去り」にして消える親たちに、エスニシティや性別の偏りはないのだろうか。連れ去るにせよ、置いていくにせよ、そこには民族間や国家間の格差とも結びついた男女の力関係が働いている。そのことを視野に入れずに「共同親権を確立し、同居親も別居親も対等に子どもに関わり得る社会を」と主張しても、その「対等」性は絵空事でしかない。

そういえば、日本のメンズリブ運動の嚆矢だった故・星建男さんが、「買春」問題とならぶ日本人男性の問題であると考え、取り組もうとしていたのが、「ジャピーノ」をめぐる問題だと、ご本人から聞いたことがあった。「ジャピーノ」すなわちフィリピンなどに海外赴任した日本人男性が現地女性とのあいだにもうけた子どもを、日本人男性たちが遺棄して帰国してしまうという問題だ。(5)

ハーグ条約の批准によって、子どもを国外に連れ去った親が逮捕されることはあっても、遺棄して国外に去った親は逮捕されない。法律家は、連れ去りは刑事事件だけれど、扶養の不履行は民事事件だからしかたない、と言うのだろうけど、どこか割り切れない思いが残る。もっとも、もしも子どもを置いて国外に去った親が逮捕されるような社会制度ができたとき、捕まるのがあの南米出身の母親のような女性たちばかりだったとしたら、やはりそれも割り切れないだろう。

＊「幸せなセレブと国際養子」報道が消去するもの

二〇〇九年に歌手のマドンナが、アフリカのマラウィという国で国際養子縁組をしたとき、父親と名乗る人物が現れて「自らの手で養育したい」と言いだし、あわや裁判所による縁組の許可が取り消されるのではないか、という事件があった。結局、縁組は成立したが、翌年になってもその父親はマスコミの前に現れ、子どもとのつながりを取り戻したいと語ったという(6)。
実は国際養子縁組に関しても、やはりハーグ国際私法会議が採択した条約がある。「国際養子縁組に関する子の保護及び協力に関するハーグ条約」(一九九三年発効。日本未批准)が、それである。だが、こちらの条約には、実親の面会権が明記されてはいない。もしも、面会を認められなかった実親が「連れ去り」をした場合には、どうなるのだろうか。

養子の場合、実親と養親との経済的・社会的格差は大きいことが多い。というか、そもそも、実親の経済的・社会的困窮が養子縁組の動機となっているケースは少なくない。養子に出したことを後悔し、一目だけでも会いたいと願う実親の話は、これまでドラマや「お涙ちょうだい」物のテレビ番組で繰り返し取り上げられた。国際養子縁組ではさらに、民族間や国家間の格差がからんでくる。

「たったひとりの子どもを養子にして救ったところで、アフリカの貧困は解決しない」という批判に対し、マドンナは、養子の出身地域にエイズ患者のための施設を建設することを表明したという。養子ひとりだけを救って終わりにするつもりではない、ということらしい。しかし、地域の問題を解決することが目的なら、なぜ養子をとり、実親が会いに行きづらい土地に連れて行く必要があるのだろうか？

マドンナにはマラウィからの養子が二人おり、最初にとった養子とは何度か実親と面会させたようだが、大きなトラブルになった二番目の養子と実親とを再会させたのかどうかは、報道からははっきりしない。二〇一一年には、その施設建設などの事業を行っていた慈善団体「レイジング・マラウィ」のスタッフ不当解雇問題なども発生し、マラウィから足も遠のいていたようだが。(7)

女優のアンジェリーナ・ジョリーなど、何人もの国際養子と縁組している欧米のセレブは多い。私はそこにどうしても、「五族協和」的な「民族間の〈序列ある調和〉」のうえに慈愛深く君臨していたいという、「アメリカの自己愛的なセルフ・イメージ」に似たものを感じ取ってしまう。さまざまな肌や髪の色をした子どもたちに囲まれたアンジーの姿は、どこか戦前の「戦災孤児を慰問する皇后の図」に似ている。

そこで消去されているのは、実親の姿だ。実親の姿が消えることで「実親と養親との格差がなぜ生まれたのか」「その格差の形成において、養親の側(たとえば、アメリカや天皇制)が何をしてきたのか」を問う契機もまた、消えているのではないだろうか。「慈愛深い母親でもあると同時に、国際的にも活躍する、自立した女性」という、マドンナやアンジーのイメージは、「仕事か家庭か、どちらかを選ぶ必要など、ないのだよ」と、少女たちを励ます一方で、民族間や国家間の格差と対立において女性もまた加害の側に立ちうるという苦い真実から、少女たちの目をそらしてもいるのである。

(1) 一九九四年に、養育費に関する強制執行の手続きの利便性を高める法改正が行われたが、別居親に支払い能力がない場合の国庫による立て替え制度がないため、離別単親世帯の貧困解決にはつながっていない。

（2）子どもと生活をともにし、日常の世話をする者に対する、法律上の呼称。「監護権」は親権の一部とされている。子どもの身の回りの世話をしていない別居親は、親権者ではあるが監護者ではない、ということになる。

（3）関口晃治「ハーグ子奪取条約と親子法改正への課題」『東洋法学』第五六巻第一号、二〇一二年。

（4）日本弁護士連合会『国際的な子の連れ去りに関するアンケート結果報告』二〇一一年九月七日（http://www.nichibenren.or.jp/library/ja/jfba_info/publication/data/2011child_abduction-enquete.pdf）。なお、大谷美紀子「子の監護をめぐる国際問題――家族の国際化と国際的対応の必要性」（『国際問題』No.六〇七、二〇一一年）では、子どもをもうけた国際結婚における、夫が外国人である割合に比して、この日弁連アンケートで示された外国人の父親による日本からの子どもの連れ去りの割合が高めであることを指摘し、このような連れ去りに対応できるという点で、ハーグ条約批准は必ずしも日本に不利益をもたらすものではない、と指摘している。

（5）星建男・海妻径子「男の越境する「加害者」を問い続けて」『情況第三期』六巻五号、二〇〇五年。

（6）二〇一〇年四月一〇日付「シネマ・トゥデイ」記事 http://www.cinematoday.jp/page/N0023642による。

（7）二〇一三年四月一三日付「スタート・マラウィ」記事 http://www.startthailand.com/startmalawi/news/news-2012/1146-%E3%83%9E%E3%83%89%E3%83%B3%E3%83%8A%E3%81%A8%E3%83%9E%E3%82%A9%E3%82%A6%E3%81%AE%E6%B7%B1%E3%81%84%E6%BA%9Dによる。

2 父親の育児参加とホームレス

＊公園での孤独な育児

忘れられない男性がいる。

一五年ほど前、それまで一〇カ所ほどの専門学校や短大をかけもちして授業をする「専従非常勤講師」の生活をしていた私は、出産で仕事の多くを失った。東京都内だったり、ひとつの学校で二つ以上の授業をもたせてくれるような、条件のよい職場はほぼ失い、かろうじて残った三カ所は、それぞれ三時間以上かけて通勤し、一時間半の授業をした後でまた三時間以上かけて帰宅する、というかたちでしか働けないところだった。それでも、キャリアを継続し、自分の研究費を捻出するためには、辞めるわけにもいかない。

勤務時間に通勤時間はカウントされず、少ない勤務日数では待機児の多い東京では保育所には入れなかった。勤務のある週三日は子どもを夫の母親に預け、残り四日間、とくに平日の二日間は、私がひとりで子どもの世話をすることになった。

平日の昼間の育児は孤独だ。引っ越したばかりの私に近所の友人はおらず、児童館の「育児サークル」の開催日は仕事がある曜日と重なっていた。児童館で出会う専業主婦ママは優しい人たちだったが、毎日一緒に子どもを遊ばせる専業主婦ママたち同士の緊密な親しさに、週二、三日しか児童館に来ない私が、入り込めるわけではない。

近所の公園には、ホームレスの人たちが住む青シートのテントが並んでいた。砂場やすべり台もあったが、専業主婦ママたちは互いに誘いあい、離れた地域の遊具の充実した児童公園へと子どもを遊ばせに行くらしい。私と娘だけが、広い公園の真ん中で砂のお城をつくっていた。

何度も公園に通ううちに、ホームレスの人たちが娘と遊んでくれるようになった。彼らは娘のために泥をこねる水を汲み、砂場の砂に混じるごみを丁寧に拾い出してくれた。「これで鳩に餌をあげなよ」と、おつまみの小袋を娘に握らせた男性もいたし、おもちゃの貯金箱をくれて「この子には、お金の大切さを教えてやってくださいね」と泣きだす女性もいた。私は、彼女がホームレスになった経緯と「お金の大切さ」との関係を想像し、返す言葉に詰まったが、二歳の娘はにこにこ笑っていた。

＊「この子を抱きしめてもいいですか？」

ある日、砂場で遊ぶ娘に、五〇代くらいのホームレスの男性が近寄ってきた。酔っているのか、ろれつが回らず、盛んに話しかけてくれるが、よく理解できない。だが、彼がかつては妻子と暮らしていたこと、そして子どもが小学校四年生くらいのとき、ある日彼が帰宅したら妻子が家出していた……という彼の身の上話は、かろうじて理解できた。

しだいに泣き顔になった彼が、私に言った。

「奥さん、この子を抱きしめてもいいですか?」

私が返事をする前に、彼は娘を胸にかき抱いた。強く抱かれて驚いたのか、泣いている彼の気持ちが伝わったのか、娘は抱きしめられるまま、じっとしていた。

正直に言うと、彼が娘を抱くあいだ、私は葛藤していた。子ども恋しさに襲われている彼が、このまま娘を連れ去って走り出したらどうしよう、と不安になったのだ。いや、それは彼に対する偏見だ、でも万が一……と悩んでいるうちに、彼は娘を離し、よろよろと青いテントの林の奥に去った。

その後、彼を見かけることはなかった。二年後には私の仕事も増えて娘は保育所に入り、平日の昼に親子で公園に出かけることはなくなる。さらに、公園が改築工事で一年以上閉鎖され、再開後は青いテントが消えた。そして、すべり台やベンチが「ホームレスが横になって寝づらい」ものに交換される。週末には、オシャレな格好をした「いまどきのイクメン」パパたちもちらほら現れるようになった。

＊「イクメン」出現で男らしさは変わるか?

近年、家族研究関連の学会では、父親の育児参加に関する研究発表が盛んだ。(1) 父親の育児参加をいかに促進するかは、いまや家族研究の一大関心テーマである。雑誌の「オシャレな男の育児」記事の分析や、ＰＴＡ活動に参加した父親たちが男同士で「おやじの会」をつくる様子の調査報告などは興味深かったが、私はそんな研究報告を聞くたびに、ホームレスの彼の泣き顔を思い出す。

　娘の小学校のＰＴＡにも「おやじの会」があり、力を注ぐ活動のひとつが「地域の見回りと『不審者マップ』づくり」だった。「おやじの会」は「男親ならではの活動」をしたがる。学校周辺で「下着を見せて」と子どもに迫る「不審者」が存在するのも確かなので、見回り自体はある程度必要かもしれない。だが、揃いの「おやじの会」特製Ｔシャツを着て張り切る彼らの見回りは、むしろ「オトコの見せ場」として行われていた。ホームレスは「不審者」と同一視され、あの公園も「不審者の多い」重点巡回場所になっていた。

　彼の妻子が家出した理由は何だったのか。彼の飲酒か。妻子への暴力もあったかもしれない。子どもにとって彼は、恐ろしい父親でしかなかったかもしれない。もしホームレスになる前の彼と出会っていたら、私は嫌悪感しか覚えなかったかもしれない。そう思いながらも、泣きながら子どもを抱きしめた彼を排除することが「おやじの会」の活動であり、消毒されつくしたような公園にオシャレなパパたちを招き入れることが「父親の育児参加促進」なのか、という疑問が私にはわく。

　仮に彼がＤＶ加害者だったとしても、そのような彼を、男たちが自分とは無縁なものとして排除するとき、「男らしさの病」としてのＤＶが社会的に問い直される契機も失われてしまう。同様に、消毒されつくしたような公園で子どもと遊ぶオシャレなパパたちが、ホームレス男性を異端者として排除するかぎり、「真っ当な男であれば経済的に困窮するはずがない」という通念は、結局は壊すことはできないだろう。たとえ彼らがどんなに、「子育ては母親に任せて、父親こそが一家の稼ぎ手であるべき」という規範から、自由な考えの持ち主に見えるとしても。

「父親の育児参加促進」の真の目的が、既存の「男性中心主義的価値観」の変革だとすれば、そのような変革は「勝ち組」男性たちが、ＤＶ加害男性やホームレス男性に対して「彼らは私たち自身だ」と声をあげるとき、初めて可能になるはずだ。コインロッカーに赤ん坊を遺棄した女性に対し、「望まない妊娠の結果をすべて女性が背負わなければならない社会が、彼女に子殺しをさせた」「そのような社会において、彼女は決して特別な女性ではない。彼女は私たち自身だ」という声が女性たちからあがったときに、ウーマンリブが始まったように。

＊Men Care キャンペーン

日本ではほとんど知られていないが、UN Woman（ジェンダー平等と女性のエンパワーメントのための国連機関）(2)も後援している国際的な「父親も育児参加を」キャンペーンとして、Men Care がある。もともとはアフリカや南アジア、中南米などでＨＩＶ撲滅のための性暴力根絶

運動を展開していた複数のＮＰＯが、中核となって推進しているキャンペーンだ。(3)

これらの地域では紛争や貧困が深刻であり、売春で生計を立てざるを得ない者が男女ともに多い。それが一方ではＨＩＶの拡大をもたらし、他方では女性やゲイへの蔑視、および彼らに対する暴力の蔓延へとつながっている。多くの男の子たちは成長するにつれ、暴力的な父親から逃れてストリートへとたどり着く。そして、そこでもギャングの一員になるなど、暴力にまみれ、いつしか自らも暴力的な父親となって、次世代へと男性暴力を再生産していく。

父親が子どもの世話をして暴力的ではない関係をもつことは、次世代への暴力の再生産連鎖を絶つ。おむつを替えたり、病児の通院に付き添ったり、宿題をみたりする、具体的な日常のさまざまな世話の担い手として子どもや妻から必要とされるようになることで、失業中の男性にストリート以外の居場所を与える、という意味をもつ。父親の育児参加は、ミソジニー（女性嫌悪）やホモフォビア（同性愛嫌悪）と深く結びついた暴力容認的な地域文化を根底から変えていくための、第一歩なのだと考えられているのである。

このMen Careキャンペーンと比較すると、「イクメン・プロジェクト」をはじめとする日本の父親の育児参加促進運動は、男性に職業という社会的居場所があることがあくまでも前提である。そのうえで夫婦の関係をより平等化し、働き過ぎのために見失いがちな父子の絆の価値を男性に再認識させようとする、ささやかで穏健な変革を志向するにすぎないもののように思えてしまう。

男性に職業という社会的居場所があることを前提にできるのは、Men Careキャンペーンが展開されるような紛争地域の犠牲の上に成り立つ世界経済の中で、甘い汁を吸えるいわゆる先進国のポジションを日本が手放さないからに他ならない。と同時に、どんなに景気が悪くても男性であれば何がしかの職業にとどまっていられるように派遣やパートなど解雇しやすい仕事には女性を就けておくという、ジェンダー差別的な雇用慣行が、ゆらぎつつもいまだにしぶとく残り続けているからでもある。

ケアをひらく

Men Careキャンペーンに対しても、疑問が感じられないわけではない。自己破滅的なストリートにではなく、地域コミュニティにおけるケアと相互扶助の絆の中に、失業男性たちが組み込まれるようになっていったとしても、そのコミュニティが搾取的な世界経済に穴を開けていく対抗空間になるかどうかは未知数である。地域コミュニティが、企業や政府がコストを支出せずにすむセイフティー・ネットとして機能するにとどまるならば、Men Careキャンペーンは資本主義に都合悪く暴走する男性暴力を去勢しているにすぎない。

しかし、そのことも含めて、Men Careキャンペーンは私たちに、これまで見えてこなかったものに気づかせる。何ゆえにケアが一部の人のみが担うものであってはいけないのかについて、私たちはしばしば「負担の公平」という文脈でしか考えない。だが、むしろケアは労働や教育と同様に、人びとのあいだの協働が不可欠であるがゆえに、私たちのあいだに共有される場と価値観をもたらすものだからこそ、できるだけ多くの人びとにシェアされねばならないのではないだろうか。

私たちから労働というものが奪われ、教育が与えられなかったときに、私たちを社会の一員にならしめるものは、ケアしか残されていないのではなかろうか。ワークシェアをしていくことが、排除されがちな人びとに社会参加を可能にするがゆえに必要とされるのと同様に、ケアをできるだけ多くの人へとひらき、分かち合っていくことは、排除されがちな人びとも共に生きていくために行われねばならないことだと、考えるべきなのではないだろうか。

そして、「子育ては母親だけのしごとではない」というフェミニズムの長年の主張は、夫婦やカップルの内部での性別役割を崩すことだけが目標ではなく、家族の内部に閉じ込められている育児や介護を社会へと開いていくことを目指していたはずだった。その主張と共鳴し合いつつ、一九八〇年代後半から盛んになった若い母親たちの育児サークルは、少なくとも都市部では育児文化として定着したと言ってよいだろう(4)。

子どもと自分だけで家の中に閉じ込もるのではなく、同年代のママ同士で誘い合って一緒に公園で子どもを遊ばせ、ベビーカーごと電車に乗って遠出もし、ときには相互に子どもを預けたり預かったりもする。保健師が出産後の母親訪問をする際に、育児サークルへの参加を勧めるとか、児童館が「育児サークルの日」をもうけて、ニューフェイスの母子がスムーズに地域の育児サークルに溶け込むためのイベントを開催する、という話もよく聞く。

だが、この「子育てを社会にひらく」育児サークルのムーブメントは、いままでのところ、同じような価値観をもった同じくらいの経済的階層の、均質な母親たちや父親たちの集団の中だけで「子育てをひらく」試みを誕生させたにすぎないのではあるまいか。それはもちろん、母親が文字どおり「独りきり」で育児をするよりも、好ましい状況ではあるだろう。けれど、ケアが社会を変える力があるとすれば、それは、ケアが何ものをも分かち合えるはずのなかった者のあいだで分かち合われ、出会い得なかったはずの者同士での語り合いをもたらすことにおいて、ではないだろうか。

もちろん、それが簡単なことではないと、私自身が一番よく知っている。私があの男性を忘れられないのは、他の誰でもなくこの私自身が、彼を拒絶してしまったのだという、後ろめたさが痛みとともに心の底に沈んでいるからだ。私はどうしてあのとき「心ゆくまで抱きしめてやってください」と、彼に言えなかったのだろう。平日の昼間の公園の寂しさは、私の夫よりも彼のほうが、ずっと強く共有してくれていたはずだったのに。

（1）大和礼子・木脇奈智子・斧出節子編『男の育児・女の育児――家族社会学からのアプローチ』昭和堂、二〇〇八年、目黒依子・矢澤澄子・岡本英雄編『揺らぐ男性のジェンダー意識――仕事・家族・介護』新曜社、二〇一二年、石井クンツ昌子『「育メン」現象の社会学――育児・子育て参加への希望を叶えるために』ミネルヴァ書房、二〇一三年、など。

(2) 女性とジェンダー平等に関する国連内外の諸機関の取りまとめを行う「ジェンダー問題担当国連事務総長特別顧問室(OSAGI)」、女性の地位委員会等の会議サポートや情報取りまとめを行う「経済社会局女性の地位向上部(DAW)」、途上国女性への教育・経済・技術支援やエンパワーメントを行う「国連女性開発基金(UNIFEM)」、家族従業者や主婦の無償労働の評価算定などジェンダー統計の開発整備を担う「国際女性調査訓練研修所(INSTRAW)」を二〇一一年一月に統合し、機関として権限を強化したもの。

(3) 公式HP(http://men-care.org/)のほか、中核となっているNPO連合体MenEngageのHP(http://menengage.org/)、さらにその連合体の中でも大きな役割を担っている中南米を主要拠点とするNPOであるPromundのHP(http://promundoglobal.org/)などで情報を得ることができる。Men Careキャンペーンについての本書の記述は、これらのHPからの情報の他に、二〇一五年三月に第二三回全米男性学会(The American Men's Studies Association)も兼ねて開催された国際会議"International Conference on Masculinities"に筆者が参加して入手したパンフレット、および同会議に参加していたPromundメンバーとの意見交換にもとづいている。

(4) 子育てサークル研究会・国立女性教育会館『子育てサークルの活動に関する調査報告書』二〇〇一年。また、フェミニズムによる「子育てをひらく」主張を知るうえでは落合恵美子『二一世紀家族へ――家族の戦後体制の見かた・超えかた』有斐閣選書、二〇〇四年、大日向雅美『子育てと出会うとき』NHKブックス、一九九九年、などが参考になる。

3 拡散するセックスと感情労働

＊若者は恋愛に消極的か

「草食系男子」が話題になったと思ったら、中・高校生カップルが自分たちのキスを撮影した動画を、SNS「ミックスチャンネル」に投稿するのがブームになっている、という。かと思えば、内閣府『平成二六年度「結婚・家族形成に関する意識調査」』において、恋人のいない二〇～三〇歳代未婚男性の三六・二％、同じく女性の三九・一％が「恋人が欲しくない」と回答したというニュースも飛び込んでくる。しかも、その理由として「恋愛が面倒」と回答した者が、「恋人が欲しくない」男性の四七・三％、同じく女性の四五・〇％にのぼったのだ、という。

いまどきの若者は恋愛に積極的なのか消極的なのか、さっぱりわからない、と感じる人も少なくないだろう。単純に積極的あるいは消極的だと分類しきれない、若者の恋愛行動の複雑な様相については、羽渕一代『どこか〈問題化〉される若者たち』（恒星社厚生閣、二〇〇八年）などの研究も存在している。ここで私が述べることは、あくまでも日々大学生に接するなかでの印象論にすぎない。だが、その私から見ても、「恋愛なんてどうでもいい」と考える無気力な若者が増えた、というような単純なことではない、というのは明らかな気がしている。

「路チュー」(路上でキスをすること)という言葉がいつごろから用いられ始めたか、記憶は定かではないが、もはやその「路チュー」という言葉自体が死語になるくらい、路上での若者のキスは当たり前になった。地方ではさすがに東京ほど頻繁には見かけないものの、若者カップルが手をつないで歩くこととなると、けっこう小さな地方都市でも当たり前のように見かける。スキンシップは他者に見られたら恥ずかしいもの、という感覚は確実に薄れてきているし、「恋人がいることによって得られるもの」のなかで、スキンシップが占める比重は、上の世代よりも下の世代のほうが大きくなっている印象を受ける。

＊コミュニケーションにデリケートな若者たち

その一方で、狭義の性交に対する関心は、個人差が大きく、関心が高くない者も珍しくない感じがする。もちろん、教員という立場の私には本音を隠している、という面も否定できない。そのことを割り引いても、少なくとも私が接している地方国立大学生という「学校文化への適応性が比較的高い若者」のあいだでは、狭義の性交は「したい人はすればいいし、したくない人はしなくていい」、とくにこだわりを持つ必要のないもの、ととらえられている気がする。

言うなれば、「狭義の性交」から「手をつなぐ」までのスキンシップの幅広いスペクトラム(連続体)があり、狭義の性交の重みは必ずしも高くないけれど、スキンシップ全体が「恋人がいることによって得られるもの」に占める重みは、確実に大きくなっているように思えるのである。

避妊具メーカーなどが行った性交に関する調査で、若年夫婦のセックスレス化が指摘されて話題になったことがあった(1)。若者に狭義の性交へのこだわりが強くないのであれば、「お互い忙しかったり疲れていたりするならば、無理をする必要はない」と考えてもおかしくない。しかしそれは、スキンシップ全般に対する関心の低下ではない。だからこそ、恋人を持ちスキンシップの欲求を充足できている、ということは、SNSなどの場で誰に対しても広く自慢できる事柄なのである。

その一方で、スキンシップとは非言語的なコミュニケーションであり、お互いが持つ言語的コミュニケーション能力の限界をしばし忘れて交わすことの可能なコミュニケーションでもある。だが、たとえ恋人たちのあいだであっても、まったく言語的コミュニケーションを抜きにして、わかり合い続けるはずなどない。むしろ恋人同士こそ、言語的コミュニケーションの水準でわかり合えなかった際に、簡単には「適当に受け流す」ことのできない関係である。

そして、私が接している大学生たちを見るかぎり、若者たちは言語的コミュニケーションに対し、年々デリケートさを増している。コミュニケーション能力が低いというよりも、言語的コミュニケーションにデリケートなあまり、些細な言葉の行き違いにもストレスを感じてしまうのである。たとえ授業内におけるディスカッションでも、彼らが発言しないのは、ディスカッションの主題に関する知識が不足して自分の意見がまとまらないからではない。自分の発言が他の学生の気分を害するかもしれなくて怖いとか、自分の意見を言うことで異なる意見を持つ他の学生が彼らの意見を否定されたように感じたら申し訳ない、と思うからである。

授業だからとか、ビジネスだからなどと割り切って、「少々の言葉の行き過ぎはお互い様」というふうに彼らは考えない。「恋愛が面倒」だと思っている若者がいる、ということはさして驚くべきことではなく、実は大多数の若者が、そもそも「人間関係が面倒」だと心の底では思っているのではないか、という気がする。それは決して人間関係の軽視ではなく、過剰な真摯さの帰結である。

＊労働の「感情労働」化

私が接している大学生たちを見るかぎり、言語的コミュニケーションに対して彼らがデリケートな理由は、逆説的に聞こえるかもしれないが、彼らが「論理的な理解」よりも「感情的な共感」を重視する傾向があるためである。「何でそんなことをしたのか、その人の気持ちはわからないけど、理由は理解できた」というような、論理的水準での相互理解にはあまり関心がない。だからディスカッションは不得手で、やり方を授業で指導しても、いつまでも上達しない。

近代以降の社会では「公私の分離」と「感情の私化」が生じたと、多くの研究が指摘している。つまり職場や議会、学校など、公的とされる場においては、少なくとも建前では人びとは感情的であるべきではないとされ、「感情的」であるとみなされた女性や子どもの活動の場は、家庭という私的な場に制約されることになった、というのである。だが現在では、ホックシールドが著書『管理される心』(2)で指摘したように、賃金と引き換えに労働者が身体的・頭脳的なスキルのみならず、「笑顔」や「優しさ」をも提供するサービス労働が労働の主流となり、公的とされる場にあふれかえっている。

ホックシールドは、女性のほうが「どのような場面ではどのような感情を抱くべきか」についてのしつけや教育を受けて育つことが多いため(たとえば「女の子なんだから、人前では愛想よくしていなさい」と言われたり、「女の子は勉強ができるよりも、お年寄りや小さい子の気持ちに寄り添える優しい子に育つのが一番」と言われたりする)、サービス労働に従事する傾向が生じる、と指摘した。

しかし、いまや男子学生も「お客様の気持ちに寄り添える」能力があることをアピールできなければ、就職は難しい。適切な場面において適切な感情をパフォーマンスできることは、境界のあいまいとなった公私の領域どこにおいても、求められてしまうものである。

だが、ある程度持続的に関係をもつ親密な人びとの感情に寄り添うことですら難しいのに、入れ替わり立ち替わり現れる不特定多数の顧客の感情に瞬時に寄り添い、仕事上の関係が終わるまで寄り添い続けるということには、かなりの困難を伴う。「ハンバーガー・チェーンの店頭での数時間のバイト」とは異なり、正社員として長時間の勤務のあいだにずっと「お客様の気持ちに寄り添える」ということは、マニュアルでは想定されていない突発的な事態にも「お客様の立場で考えて」対応できる、「EQ（他者や自己の感情を理解し統御できる「心の知能指数」）」が高くないと務まらない、と言われる。そして、近年の大学のキャリア教育でもそのような能力を養成するべきだと、盛んに議論がなされている。(3)

マニュアル化された「愛想のよさ」を超えて、表面的ではなく「お客様の気持ちに寄り添う」ことを、顧客サービスとして働く者同士で競い合うことを強いられる。そのようなことから痛感させられるのは、「多少なりともお客様の気持ちに寄り添えた」という満足感よりも、他者の感情を理解することの困難さであり、言語的コミュニケーションの限界のほうが大きいのではないだろうか。

若い世代におけるスキンシップへの関心の高まりは、そのような労働の「感情労働」化とかかわりがあるのではという気がしてならない。労働の「感情労働」化によって、私たちは己の「感情的な共感能力」の言語的水準における限界を、日々突きつけられる。「感情的にはわかり合えなくても、論理的に理解し合うことができさえすればよい」という逃げ道がないならば、非言語的水準における感情的共感をもたらすと考えられているスキンシップへの期待と関心は、いやがおうにも高まるのではないだろうか。

＊スキンシップの商品化

繁華街を歩くと「膝枕耳かきカフェ」だの「添い寝セクキャバ」だのという、女性のスキンシップ・サービスの提供をうたった看板が、最近はとくに目に付く。それらは、「狭義の性交の売買はしていない」という形式をとることで、売春防止法の摘要を逃れるというだけではなく、労働の「感情労働」化に伴うスキンシップへの関心の高まりを反映してはいないだろうか。

スキンシップへのファンタジーの増幅は、決して、ジェンダーに無関係にスキンシップの商品化を生じさせているわけではない。異性愛ファンタジーのもとに女性のスキンシップがより商品化されていくのは、これまでの歴史において、女性のほうが妊娠・出産などからの連想で、より「『言語以前の存在』としての身体」との結びつきが強いとみなされてきたから、なのか。あるいは、一般的に男性のほうが経済力が高く、商品化されたスキンシップ・サービスへの購買力があるからなのか。

「狭義の性交の売買」と、スキンシップの商品化と、どちらがより「売り手」を危険にさらしやすいのだろうか。

「狭義の性交の売買」すなわち売買春についてどう考えるのかは、今日に至るまで、女性運動を分裂させかねない大きな論争点となってきた。性交を、それを行う人間の人格から切り離し売買も可能な「モノ」として扱うことが、セクシュアル・ハラスメントやレイプなどの女性の人格を無視した一方的な性行為の押し付けを生むのだ、という主張がある。それに対し、そのような性交への特別視は、婚姻制度や家族規範から逸脱した性的関係をもつ女性やセックス・ワーカーたちを、他ならぬ女性運動が差別をすることにつながっている、という批判もある。

グローバルな女性や子どものトラフィキング（人身売買）の増加に伴い、性産業に対する取り締まりの強化を求める声がある。その一方で、セックス・ワークの非処罰化によって、セックス・ワーカーで労働組合をつくるなどの権利確立をめざすべきだ、という声もある。

対立しているこれらの主張だが、女性たち／売買される性交の「売り手」が危険にさらされやすい状況に置かれている、という認識では一致している。

スキンシップが商品化されるということは、「非言語的水準における感情的共感（というファンタジー）」が売買される、ということだと言えるであろう。そのようなスキンシップの商品化は、「性交を人格とは切り離して売買可能な『モノ』とみなすことは、買春者やレイピストの、『私にされている性行為を彼女たちは喜んでいるはずだ』という一方的なファンタジーを受け入れる『人形』として女性たちをみなすことにつながるので、反対である」という売買春批判と照らして考えるとき、女性／売買される性的行為の「売り手」を、感情的共感の相手方であり血の通った人間とみなすという点では、「売り手」をより危険にさらしにくい性的行為の売買のかたちにも思える。しかし、本当にそうなのだろうか。

感情労働においては、「不適切な感情」や「お客様が望まない感情」が決して商品化されないように、「感情的共感の限界」もまた、決して商品化されない。「論理的＝生産的であり、したがって感情的な女性は仕事には向かない」というような二分法が崩れて、「お客様に寄り添える細やかな感情の持ち主こそが企業に利益をもたらす」という時代になっても、「わかりあえなさ」は商品化できず、利益を生まないのだ。スキンシップの商品化は、「『感情的な共感能力』の言語的水準における限界の、非言語的水準における突破（というファンタジー）」の商品化である。

つまり、「どんなに言葉を尽くしてもわかり合えないことが、スキンシップという非言語的なコミュニケーションがうまくいきさえすれば、そのわかり合えなさを超えていくことができる」などという都合のいいことは、本当はそうそう起こらない。私たちのまわりには「わかり合えなさ」があふれきっているというのに、私たちが欲しがってしまうのは「スキンシップというコミュニケーションがうまくいきさえすれば、どんなわかり合えなさも超えていくことができる」という都合のいいファンタジーであり、サービスとして商品化されるのもまた、都合のいいファンタジーだけなのだ。

そして、そのファンタジーを客の都合にあわせて供給する担い手は、圧倒的に女性だということなのだ。それは、「一方的なファンタジーを受け入れる『人形』として女性たちをみなすこと」であるという点において、狭義の性交の売買と比較して、どれほどの違いがあるのだろうか。

＊「人形」と「高機能な性器」のあいだ

だからといって、「スキンシップの商品化も含めて、あらゆる性的行為の売買は否定されねばならない」と主張したいわけではない。セックス・ワーカーたちを他ならぬ女性運動が差別・疎外してきた、という重要な指摘は真摯に受けとめられていかねばならない[4]。かといって、現在の私に、この複雑で議論の分かれる問題に簡単に答えを出す力もない。

ただ思うのは、感情や身体を生産性と対立するものとみなしてきたロゴス（男性的論理）中心主義の批判だけでは、感情労働化が進んだ社会における女性への新たなかたちの抑圧を解体できないだろうということだ。セックス・ワークを、看護師やエステティシャンの仕事のような、サービスの対象者との身体的接触を伴う感情労働のひとつとみなし、セックス・ワーカーの労働者としての権利確立をめざすだけでは、十分ではない。そう私が感じるのは、そもそもこのような感情労働における女性への抑圧にどのように対抗すべきなのか、具体的な議論がいまのところ乏しいからなのだ。

「婚活連続殺人事件」裁判の傍聴記である『毒婦。木嶋佳苗100日裁判傍聴記』を読むと、女性のためのセックス・グッズ・ショップの経営を通じて、女性を性的欲望の主体ならしめようと活動してきた著者の北原みのりが、この事件の木嶋佳苗被告に感じた衝撃は、木嶋が自らを徹底して「モノ」化することによって、逆に「お客様の気持ちに寄り添おうとする」感情労働者としての抑圧から自由になり得ているようにみえることにあるのではないか、と思えてくる。

傍聴記における木嶋は、「あなたのようなブスで太っている女性に対して、男たちが結婚したがったり、大金を渡したりするのは不自然ではないか」と問う検事やマスコミに対して、自ら「機能が優れた性器の持ち主」だから不自然ではない、と反論する。デートクラブで働いたことがあるのも、その「機能の良さ」を世間で試してみたかったからだ、と述べる。

北原によれば、木嶋が男性たちの前で演じてみせた女性像は「とても分かりやすい」のだという。

「介護の仕事をしていて、料理学校に通い、ピアノが上手…とはいえ興味深いのは、介護も料理もピアノもプロ(級)であることをアピールしている点だろう。佳苗は介護福祉士の資格を持ち、料理は趣味の域を超え、ピアノ講師であると伝えていた。／媚びているようにみえるが、御しやすい女を演じるふうは一切なく、相手には敬意を求める。佳苗は同情ではなく『支援』という『対等感』と強引さで、お金を得てきた(5)」

『毒婦。木嶋佳苗100日裁判傍聴記』を読むかぎり、木嶋佳苗は、「相手の気持ちに寄り添う」ことで得られる「感謝」ではなく、「高い機能」や「プロ級のスキル」への「敬意」を、自らが提供したものへの当然の対価としてお金とともに差し出すことを、男たちに求める。

ＳＦにはしばしば、ロボットやコンピュータが暴走して、機械の支配者であるはずの人間たちを淡々と殺していく場面が登場する。木嶋被告にかけられた殺人嫌疑の真偽自体はさておき、自らを徹底して「モノ」化する彼女の前から男性たちが淡々と「消えていく」この事件から目を離せなくなってしまうのは、おそらく感情労働があふれきったこの社会で、感情を持たない高機能の「モノ」になりきったほうが、受けている支配を覆せるような気がするからではないだろうか。「ブスな女の純情」を客によって搾取される感情労働者であるよりも、徹底して「高機能の性器」であるほうが、自由と尊厳を得られるのだとしたら。

『毒婦。木嶋佳苗100日裁判傍聴記』の中で北原みのりは、木嶋佳苗が気になってしかたがないのに、彼女についてどうしてもうまく語れないのだと、繰り返し述べている。それはきっと、「『スキンシップという非言語的水準での感情的共感』という一方的なファンタジーを受け入れる『人形』」と「高機能の性器」のあいだを分かつものを、フェミニズムがいまひとつ、はっきりとつかむことができていないからなのだ。

（1）避妊具メーカーなど民間事業者によるものから各種研究機関・個人研究者によるものまで、セックスレスに関する調査はさまざまある。なかでも、二〇〇四年から二年ごとに行われている(社)日本家族計画協会の「男女の生活と意識に関する調査」は、二〇一〇年までは厚生労働省・厚生労働科学研究費補助金事業として実施され、国がセックスレスを少子化の原因のひとつとして注目したものとして、マスコミにより取り上げられた。

（2）アーリー・ホックシールド著、石川准・室伏亜希訳『管理される心――感情が商品になるとき』

世界思想社、二〇〇〇年。
（3）本田由紀『多元化する「能力」と日本社会――ハイパー・メリトクラシー化のなかで』（NTT出版、二〇〇五年）は、知識やスキルの高さで人びとを序列化する「学歴主義（メリトクラシー）」に代わって、計測が難しくどのようなことをすれば養成できるのかはっきりとしない「EQ」の高さによって人びとが序列化される「ハイパー・メリトクラシー」化が進展している、と指摘する。しかも親に関して、子どもの「EQ」の高さを養成する教育責任はあいかわらず「母親が担うもの」とされており、その結果女性たちは、これまでにも増して「母親であれば子どもの教育にエネルギーと時間を割かねばならない」との社会的プレッシャーを受けている、と本田は指摘する。
（4）青山薫『「セックスワーカー」とは誰か――移住・性労働・人身取引の構造と経験』（大月書店、二〇〇七年）などを参照。
（5）北原みのり『毒婦。木嶋佳苗100日裁判傍聴記』講談社文庫、二〇一三年、八二ページ。

第5章

震災は親密圏を変えたのか

1 ゆらぐ大地、ゆらぐ親密圏

＊大震災との遭遇

二〇一一年の東日本大震災、いわゆる「三・一一」のとき、私自身は勤務先である盛岡市内の大学の研究室にいて、仕事の打ち合わせの最中だった。尋常ではない揺れ方で、これは建物内部にいたほうが危ないかもと階段を駆け降りたが、途中で階段が崩れ落ちるのではないかと思えた。同居している老父が心配になり、最初の大きな揺れが収まってから、家に様子を見に行った。

幸い父は無事だったが、脳梗塞をしてから感覚や言語能力のはたらきが鈍った父は、相当大きな余震が来てもそのことがわからないらしい。ラジオの緊急放送の内容も、必ずしもすべてを理解できているとはかぎらない。地震が起きたのは昼過ぎだったので、日没までにはまだ時間があったものの、余震がかなりひんぱんにあるなかで、父を独り家に残して食料や乾電池を買いに行くのはためらわれた。

地震の翌日、思いきって父を家に残して近所の店に行ってみたが、長蛇の列で、品物はほとんどない。公衆電話にも、ガソリンスタンドにも、長い長い人の列ができていた。

✳震災と性別役割

運よく、私の住んでいる地区は比較的早く電気や水道が復旧。道路の損壊とガソリン不足で滞っていた物資の流通も、地震後五日目くらいには、数や種類は少ないが、食料品を含めて徐々に入荷した。

地震から一週間くらい経ったころ、興味深かったのは、買い物袋を提げた初老の男性が目につくようになったことだ。食料品が入荷するとはいっても、ある日はジャガイモだけ、別の日はレタスだけ、というような状況だ。しかも、下手をすると入荷後数時間で売り切れてしまう。それなりの量の食料品を調達しようとすれば、家族全員で手分けして、複数の店をあたらなければならない。男性も貴重な食料品を入手するための戦力にならざるを得ない、というわけだ。戦中・戦後の食糧難の時期はこうだったのだろうか、と思わず想像してしまう。

一方で、品物がほとんど売り切れてしまった夕方の店内で、それでも何か買えるものはないかとうろうろする、おそらくは仕事を持っているのであろう女性たちの姿も、よく目についた。多くの職場では、一日も早い復旧をめざし、地震以前にもまして忙しく働かざるを得ない。働かなければ食料品を買う収入も得られないけれど、お金があっても昼間のうちに店に行けなければ、入荷後数時間で品物が売り切れるような日々のなかで、食料品を手に入れることはかなり難しい。

あまり知られていないことだが、岩手は女性雇用者の労働時間が全国でもっとも長い県のひとつだ。[1]女性雇用者の長時間労働というと、首都圏のキャリア・ウーマンのイメージがある。しかし、岩手のような最低賃金の安い地域では、女性が家計を支えるために長時間働いていることが少なくないのだ。店でうろうろしている彼女たちは、これでも精いっぱい早く職場を辞したのだろうけれど……。

この大震災で、多くの保育所や介護施設は子どもや高齢者の受け入れを停止した。私の同僚の女性教員は、数日間職場に子どもを連れて来ていたが、とうとう新潟県にある親戚の家に子どもを「疎開」させた。だが、「疎開」受け入れをしてくれる親戚を持たない女性たちには、仕事に行こうにも行けずに困った人も多かったことだろう。

震災や戦争は性役割に揺さぶりをかける、としばしばいわれる。確かにそういう面もあるものの、すべてがゆらぐわけではない。避難所の様子を写すテレビには、「瓦礫を片付ける男たち」と「炊き出しをする女たち」の映像が繰り返し流されていた。

＊「男性の家事参加」を切望する「良い嫁」

大震災による津波で大きな被害を出した岩手県内のA市、B市、C市には、これまで私も何度か仕事で行ったことがある。なかでもA市には、「女性まつり」という市主宰のイベントの講師として呼んでもらったこともあった。

「男性の家事参加」を促す講演をリクエストされていたのだが、当日会場に行ってみると、婦人会や漁協婦人部、ＰＴＡなどから動員されたらしい女性たちが、テキパキとお茶を汲み、会場を飾り付け、椅子を運んでいた。いわゆる「良い嫁」に求められるような行動を、さして苦でもなさそうにこなしていく彼女たちは、性別役割に対する不満があるようには、表面的には見えない。しかし、講演前の打ち合わせで地元の中高年女性たちの話を聞くと、本当に彼女たちは「男性の家事参加」を切望しているのだった。

多くの地方と同様にA市でも、職を求めて若い世代が流出するため、独居あるいは夫婦のみの高齢者世帯の増加が深刻な問題となっている。中高年女性たちは、自分の親だけに限らず、近所に住む高齢者の世話に追われる。食事を届けたり、高齢者に代わって病院に薬を取りに行ったり、郵便を出してあげたり、忙しい。それなのに夫は、「メシは？フロは？」と、家事一切を妻がやってくれるのを当然と思っている。せめて妻が忙しいときには、自分の身の回りのことくらいは自分でやってほしいというのが、彼女たちの願いなのだ。

彼女たちが血縁関係のない近所の高齢者の世話を自発的に引き受けていく背景には、自分たちもまた遠からず単身高齢者になるだろうという予感が存在している。A市の女性のひとりは、「センセイには怒られるかもしれないけど」と前置きして、私にこう言った。

「やっぱり息子なら、一家を支えられる仕事についてほしいと思うもんね。娘ならばまだいいけど、やっぱり息子なら、ここらへんにある仕事じゃなくて、ちゃんと一家を支えられる仕事につかなきゃなんないと思うもの」

だから、息子たちが出ていっても仕方ないのだ。残された独り暮らしの高齢者は、数十年後の私自身の姿なのだという想いが、彼女たちを血縁関係のない高齢者の世話へと突き動かす。息子たちが外へ出ていきやすいのには、漁業が主産業のA市の場合、農地の継承という問題が生じないので、長男は地元に残らなければならないという規範がそれほど強固ではない、という理由もある。だから、長男の嫁不足も農業地域のようには大きな問題にはならず、いわゆる「第三世界からの農村花嫁」という立場の外国人もあまりいないという。その代わりに多いのが、「息子には就かせたくない」低賃金の食品加工業(海産物の缶詰など)で働く、中国人の研修生(外国人技能実習生)たちだ。

＊出会えない女性外国人研修生と地元主婦

農村花嫁であれば、介護労働力という役割と地域経済を下支えする低廉労働力という役割を一手に引き受けている。A市では、それを地元の中高年女性と外国人研修生が受け持つ。ところが、両者の間に何らかの連帯が生じているようには、私がA市に滞在したかぎり、感じられなかった。外国人研修生には女性も少なくないのだろうけれど、「女性まつり」に彼女たちの姿は見えない。プログラムで彼女たちについて何かふれられることもなかった。

あのときに会ったA市の女性たちは、あれほどの津波に襲われて、どれだけの人がいま無事でいるのだろうか。生き延びた彼女たちは、避難所でも、かいがいしく周囲の世話をしていたのだろうか。震災直後から一カ月くらいは続いていただろうか、テレビやラジオのローカル放送では、「無事でいますか。連絡ください」という、縁者からの被災地への呼びかけを、いくつもいくつも放送していた。これらのうちのいかほどが、「外に出た子どもたち」からの呼びかけだったのだろうか。

「被災した外国人労働者が、日本語がわからないために中国の本社に国際電話をかけて助けを求め、本社経由で避難所や行政に連絡がいって助かった」という事例を、震災後間もないある日のお昼のニュースが短く伝えていたことが、記憶に残っている。それほどまでに日本語のわからない外国人労働者が、なぜ東北地方で被災するのかということを、深く考えてみた視聴者は少なかろう。そして、そのような外国人労働者が、津波によって一瞬で押し流されてしまうような、こじんまりとした漁業のまちに増えていく理由と、家族規範のゆらぎとの関係性に思いを寄せた視聴者は、ほとんどいなかったにちがいない。

女性外国人研修生と地元の中高年主婦は、A市という同じ地域で、性別役割がもたらす矛盾と女性へのしわ寄せをともに担い、ともに震災に遭遇したはずだ。しかし、道ですれ違い顔を合わせていても、本当の意味で「出会う」ことなく、女性外国人研修生は帰国していく。そして、復興とともにふたたび、新たな女性外国人研修生が増えていく。復興のプロセスは、女性同士の「出会えなさ」も、同じように「再建」してしまうのだろうか。(2)

それ以外のかたちでの復興を模索したいと思いつつ、どうすればそれが可能なのかと悩んでいるうちに、女性外国人研修生の働く海産物加工工場が、ひとつ、またひとつと再建されていく。それは本来喜ぶべきことであり、むしろ再建は遅れているくらいなのだ。にもかかわらず私は、複雑な思いをいだいてしまうのを抑えることができない。

＊からみあう手ごわさと揺らぎ

単身高齢者世帯の増加という「既存の家族規範のゆらぎ」が、女性たちが自らのケア役割をより強く内面化して引き受けていくことへとつながり、同時に、男性役割の問い直しを求める気運を生み出す。「息子には一家を支えられる仕事に就いてもらいたい」という願いが、回りまわって「お父さんには、せめて自分のことは自分でやってもらいたい」という願いにつながっていく。「長男が地元に残って親の面倒をみるべき」という家族規範の弱さが、労働者としての権利保障の曖昧な外国人研修生たちを地域へと大量に呼び込んでいく。

「『既存の家族規範のゆらぎ』が『性別にとらわれず自由に生きられる社会』を到来させる」というような単純な図式では、親密圏のゆらぎを捉えきることはできない。それがどのようにグローバル経済に組み込まれているのかも、見据えることはできないだろう。

そのことはまた、私たちが既存の家族規範を問い直し、新たな親密圏の地平を切り拓こうと試みたとき、それが決して意図した結果ばかりを生み出さず、ときには自らを新たな性別規範や家族規範に閉じ込めてしまうような、意図せざる結果をも生み出すことを意味しているだろう。私はA市の「女性まつり」で、女性たちのリクエストどおり、「男性の家事参加」を訴える講演をしたのだが、この講演ですら、A市の女性たちのケア役割の内面化に手を貸してしまったと言えなくもない。

A市をはじめとする被災地は、今後どのように復興していくのだろうか。「瓦礫を片付ける男たち」と「炊き出しをする女たち」の組み合わせ、あるいは「避難のさなかに生き別れになった親子が、避難所で感動の再会」というような、ロマン化された映像が繰り返し流される中で、それでなくても開催しづらかった、「多様なライフスタイルやセクシュアリティを認め合おう」という趣旨のイベントや集会が、開きづらい空気が醸成されつつある、と感じた時期もあった。

青森では二〇〇六年からLGBT(性的マイノリティ)映画祭「青森インターナショナルLGBTフィルムフェスティバル」が開催されている。その主宰者のひとりである成田容子さん(3)から、秋田や宮城の性的マイノリティの当事者団体からは連携や協力をしていこうとの呼びかけをもらうのだが、岩手からは反応がなくて……という話を、かつて聞いた。そういう空気が、この被災を境にどの方向へと変化していくのか、心配もした。

その一方で、地震直後の三月一九日には、岩手県内に住むLGBTのための活動グループ「岩手レインボー・ネットワーク」が結成される。同グループの山下梓さんは五月に立ち上がった東日本大震災女性支援ネットワークの世話人にも加わり、国や自治体の「復興計画」や「防災計画」に、性的マイノリティへの支援や彼(女)らへの視点を盛り込むべきであるとの提言を行ったりした。東日本大震災女性支援ネットワークは二〇一四年三月末をもって解散したが、岩手レインボー・ネットワークは今日に至るまで、着実に活動を重ねていると聞く。

だから私は、一筋縄では解放の方向へとは向かいそうもない親密圏という領域の手ごわさを感じつつも、悲観はしていない。地震直後、交通がマヒしたために、それまで各自が形成してきた親密圏と引き離された女性たちが、私の職場やその周囲で何人も出た。パートナーが出張したまま帰れなくなった女性、子どもを「疎開」させた女性、私のように単身赴任から戻れなくなった女性……。あのころ私たちは、夜遅くなると誰かの部屋にお茶やお菓子を持って集まり、いつもならそれぞれの親密な人と過ごしていたはずの時間を、肩寄せて余震をやり過ごしながら、おしゃべりを楽しんだ。

そのなかで、互いの異なる「親密な関係」をしみじみと振り返り、見直したりした。子どもを「疎開」させた同僚は、「子どもには悪いけど、あの子を保育園に迎えに行く時間を気にせずに、こんなにゆっくりおしゃべりしていられるなんて、何年ぶりなんだろう」と興奮気味に語り、私たちは「家事に非協力的なパートナーとの喧嘩」のテクニックについて、笑いながら深夜になるまで互いに伝授しあった。

このような時間のなかに、親密圏を解きほぐしていく力が胎動していくのではないだろうか。たとえその力がごく小さなもので、生まれてはまた、何かの権力構造へと取り込まれてしまうものだとしても。

（1）国立女性教育会館編『男女共同参画統計データブック』（ぎょうせい）の二〇〇六年版によれば、「正規職員・従業員」である岩手県女性の二〇〇一年における「収入労働時間」は週平均の一日あたり六時間四二分で、全国の都道府県でもっとも長い。また、政府統計データベース e-stat に収録されている「平成一八年社会生活基本調査　調査票Aに基づく結果　生活時間に関する結果　生活時間編（地域）」をもとに筆者が二〇〇六年に関して計算したところ、岩手県女性の「正規職員・従業員」が「仕事」に費やした週平均の一日あたり時間は六時間四八分で、やはり全都道府県中もっとも長い。震災後の調査である「平成二三年社会生活基本調査　調査票Aに基づく結果　生活時間に関する結果　生活時間編（地域）」で近似のデータを作成してみると、岩手県女性の「フルタイム」従業者が「仕事」に費やした時間は六時間ちょうどで、ほぼ全国平均値なみとなっており、震災による影響が考えられる。ただし、両調査で調査項目の設定が異なっているため、単純な比較はできない。

（2）震災にまつわるジェンダーをめぐる問題を考える際には、以下が参考になる。日本弁護士連合会『災害復興　東日本大震災後の日本社会の在り方を問う～女性こそ主役に！』日本加除出版、二〇一二年。みやぎの女性支援を記録する会『女たちが動く――東日本大震災と男女共同参画視点の支援』生活思想社、二〇一二年。村田晶子編著『復興に女性たちの声を――「3・11」とジェンダー』早稲田大学ブックレット、二〇一二年。女性労働問題研究会編『女性労働問題研究No.56震災と女性労働――問われるジェンダー平等と暮らし』二〇一二年。竹信三恵子・赤石千衣子編『災害支援に女性の視点を！』岩波ブックレット、二〇一二年。

（3）二〇一五年第一〇回フェスティバル時点では、フィルムフェスティバル実行委員長。

2 「プライベートを他者に知られること」をめぐる雑感

＊学生たちのプライベート情報

私の勤めている大学では震災直後より、教員に命じて学生の被災状況の電話聞き取り調査を行った。基金を創設して被災学生に見舞金を贈ることになったので、その支給基準を決めるためだという。質問項目は、家財の損壊程度をはじめ、本人および家族の安否や健康状態、果ては経済状態や保護者の仕事の見通しまで、多岐にわたった。

聞き取り調査をしていると、よほど親しく言葉を交わす学生でなければ知ることがなかった、「家庭の事情」を知ってしまうことになる。たとえば

「無事で良かったわねえ。親御さんもご無事で?」

「はい。うちはもともとオフクロしかいないんですけど、おかげさまで無事です」

「保護者の方のお仕事は、大丈夫そうかしら?」

あるいは

「うーん、うちは自営で工務店やっているんですけど、ぶっちゃけこの一年くらい、あんまり仕事なかったので、震災の影響があったのかなかったのか、いまはまだよくわかんないです

ね」

役所を通じての義援金の支給が滞っている時期に、せめて大学から被災学生へいくばくかなりとも見舞金が贈られるのはよいことなのかもしれない。しかし、そのためにプライベートなことをあれもこれも教員に知られてしまうというのは、果たしてどうなのだろうか。

学校というのは妙なところで、学生と教員との親密な関係を美化したがる文化がある。とくに大学は、小中高校のように「えこひいきせず、学級内の生徒全員を広く公平に扱わねばならない」というしばりがないぶん、特定のゼミ学生と教員の関係が密接であればあるほど麗しいと、考えている人はまだまだ多い。スクール・ハラスメントやアカデミック・ハラスメントという問題が顕在化した以降の世代である私などは、卒論指導などで長時間密に接することにならざるを得ないからこそ、万が一にもハラスメントのネタになるような学生のプライベート情報を集めることに、教員は慎重になったほうがよいと考えてしまうのだけれど。

＊ケアの多極化

ケアや社会保障を家族がかかえこまないということは、ケアや社会保障を提供するために必要とされるプライベート情報が家族の外に漏れ出るということと、切っても切れない関係にある。これまでしばしば国や自治体は、社会保障の責を担うためという口実でそのような情報を入手し、それはむしろ社会保障費を抑制するために濫用されてきた。

生活保護受給者や児童扶養手当受給者が、いかにプライベートを詮索されてきたことか。[1]生活保護受給資格の審査のために、実家のものも含めて預金通帳を提出させられるとか、児童扶養手当受給者に恋人ができても、扶養関係がないかどうか担当職員から詮索されやすいので同棲できないとか。そういうエピソードは枚挙にいとまがない。

では、国や自治体以外の人や組織・ネットワークなどにケアや社会保障が開かれれば、解決するのか？　たとえば、所属する学校や企業、地域の互助組織やＮＧＯなどさまざまなところから、多様なケアや社会保障を必要に応じて受け取るような社会が、望ましいのだろうか？私の所属大学が行った学生への見舞金支給は、国や自治体だけに頼らなくてもよい、ケアや社会保障が多極化した社会への一歩なのだろうか？

メールや電話での調査依頼に反応がなかった学生に対して、再調査・再々調査が教員に命じられた。私個人は、調査に応じたくない学生には無理強いせず、大学以外の諸機関による被災者支援制度についての情報を教えたうえで、問題があればひとりでかかえこまず、相談に来てほしい、と伝えるだけにしたほうがよい、と思っているのだが……。

ケアや社会保障の多極化は重要だが、どのようなプライベート情報と引き替えにどのような組織からどのようなケアや社会保障を受け取るのかは、各個人の決定に任されるべきだと思う。だが、私のような考えに対して、「個人の自己決定権」の名のもとに、本当はケアが必要な人間を放置している、と批判する人もあるだろう。

私とて、被災者が民生委員以外に自分たちのプライベート情報が漏れるのを嫌って、支援ＮＧＯによるニーズ調査に応じたがらない、などという話を聞くと、心が揺れる。「地域の名士」であることが少なくない民生委員しか窓口がないことによって、意識されざるニーズの統制や自己規制が生じるであろうことは、想像に難くない。国や自治体に一元化されたケアや社会保障は一見、既存の家族規範から逸脱した者へのセーフティネットのようでいて、実は補完物でもある。

マイノリティへも支援が行き届くためには、国や自治体以外にもケアや社会保障が多極化したほうがよいだろう。となると、私たちはもっと「これまでプライベートだと思ってきたものが、他者の知るところとなること」に、慣れていくべきなのだろうか。プライベートとは何なのだろう。

＊公共サービスの外部委託と個人情報

近年、企業から顧客情報が持ち出されて売買されたり、役所のパソコンがウィルス感染して市民の情報が流出したり、という事件が後をたたない。他方で、財政削減のため、従来であれば行政が直接行っていたさまざまな社会福祉サービスを社会福祉法人やＮＰＯに外部委託して実施させる、ということも拡大している。

私の知人がメンバーとなっているＮＰＯは質の高い活動を長年続け、その業績を買われてある地域の女性センターの指定管理者となったほか、各種のジェンダー平等促進事業や女性支援事業を行政から委託されて実施していた。だが、知人は「いつもヒヤヒヤしながら仕事をしている」と言う。

シングルマザーの支援事業をすれば、どこに住んでいる誰が何人の子どもをもつシングルマザーであるかや、ときには年収までわかってしまう。性暴力被害の相談を受けたり、DV被害女性にシェルターを紹介したり、地域の女性たちのさまざまな「取り扱い厳重注意」の情報が、活動をすればするほどNPOには膨大に蓄積してしまう。

民間の一団体として活動している場合にももちろん、そのような「取り扱い厳重注意」の情報にはある程度ふれざるを得ない。しかし、行政が行ってきた領域を肩代わりするようになったことで、従来であれば行政が作成してきた書類をNPOが作成し、その資料としての住民票や戸籍の写しがNPO事務局に保管され、本人確認のための健康保険証番号や運転免許証番号などがNPOの使用するパソコンに入力されていったりもする。民間団体としての活動ではふれることなど考えられもしなかったレベルの、市民のプライベートな情報が、NPOに大量に蓄積するようになったというのだ。

「恐ろしいと思うの」と、知人は言う。

「もちろんNPOのメンバーはみんな、ジェンダーに関する高い問題意識をもっていて、女性たちの個人情報を利用しようなんて思わない人ばかりだけど。でも、女性センターの指定管理者になれば、元々のＮＰＯメンバーだけで運営することは不可能で、受付業務をするアルバイトを何人も雇わざるを得ないことも多いよね。行政からの委託事業をいくつも引き受けて、大きな予算を動かしていれば、経理業務に詳しい人を雇ったり、ＮＰＯ活動自体にはあまり興味がないけどパソコンでの報告書作成は得意、という人も雇ったりしなければならない。

残念ながら行政からの委託費も安くて、雇った人に高い賃金を払える状態ではないから、誰かが『お金になるなら』と魔がさして、女性たちの個人情報の売買に手を出してしまうことがあっても、不思議ではないと思う。そのとき、誰がどういう責任をもつことになるんだろうか。私たちは女性センターの指定管理者だけど、公務員ではないでしょう？　公務員としての身分保障も賃金ももらっていないし。だから、公務員が不祥事を起こしたときと同じように、責任をとれとか、賠償しろとか言われても、できない。でも、情報だけは、公務員でなければアクセスできないような情報が、どんどん溜まっていくんだよ」

ＤＶ被害女性の転居先情報などが流出したら、生命にかかわる取り返しのつかない事態にもなりかねない。ケアや社会保障の多極化は、残念ながらそのようなリスクの多極化をも伴っている。しかも、そのリスクの多極化は、行政以外にも多様な団体による多様なケアや社会保障の存在によって、人びとが多次元において何重にもカバーされるということの代償であればまだしも、単なる財政削減の副産物なのだ(2)。

＊プライベートをめぐる解釈と拡散

とりわけ震災以降、独力での避難が困難な単身高齢者について、行政に登録したり、近隣住民が協力して避難させる「声かけ」体制を整備する動きが盛んだ。私が岩手で居住している地域でも、民生委員が中心になって、登録や「声かけ」分担表の作成などを行っている。脳梗塞の後遺症で耳が遠く足がおぼつかない私の父も、独力での避難が困難な高齢者として登録してもらうことになった。そんなある日、民生委員から電話で問い合わせを受けた。

「あの…結局娘さんは、お父様と同居している、ということなんでしょうか？」

かねてから民生委員には、私が単身赴任であり、週末や長期休暇の際には東京宅に戻っていることを話してあった。介護保険でカバー可能な範囲で、ショートステイやデイサービスも利用しているが、その利用時間数は認定される父の要介護が変更されるたびに、連動してたびたび変わっていること、さらに、施設を利用していない昼間には、父が独りで自宅にいることもある、ということも伝えてあった。

以前伝えた内容を忘れてしまったのかな、と思い、再度民生委員に同じ説明をすると、彼女はあいづちを打ちながら聞いていて、そして最後にやはりこう尋ねた。

「結局娘さんは、お父様と同居している、ということなんでしょうか？」

そのとき初めて私は、彼女が聞きたいのは父および私をめぐるプライベートの詳細なのではなく、そのプライベートをどのように解釈すべきなのかということなのだ、と気づいた。四六時中娘と一緒にいるわけではなく、かといって四六時中高齢者施設にいるわけでもなく、次に災害が起こったときに、確実に娘や施設職員に避難介助してもらえるのかどうかわからない、私の父。そのような高齢者の目新しい形態のプライベートを、どう解釈するのが適切なのか。目新しいがゆえに、まだ「常識的な解釈」が存在しないために、民生委員は困って、娘である私に解釈を尋ねてきたのだ。

私とて、どう解釈すべきなのか答えをもっているわけではない。というか、私にだって、完全な同居でもなく完全な別居でもないところに、介護の悩みとリアルが存在している、としか言いようがない。

しかし、高齢化が進んだ地域のなかで、限られた数の中高年で大勢の高齢者の避難介助をするためには、介助の優先順位をつけ、家族や施設職員が介助する可能性のある高齢者は後回しにしたり、避難介助対象者のリストからはずしたりすることも、現実には必要になるにちがいない。父は避難介助リストの、どの程度の優先度に位置づけられるべきなのか。それを誰が、どのように決めるのか。民生委員は私にその解釈を委ねてきたけれど、私とて、私が不在のあいだに父を介助してくれるかもしれない人びととの意見を交換するなかでしか、解釈を固めていくことはできそうもない。

そして、そのような意見交換をするたびに私は、父を介助してくれるかもしれないさまざまな人びとに、私が東京にいるのは何月何日から何月何日までのあいだなのか、何曜日の何時着の新幹線で盛岡に戻ることが多いのか、私が単身赴任というライフスタイルを選ばざるを得なかった事情、東京宅の住所や家族構成……プライベートに関するさまざまな情報を伝えてしまうことになる。「完全な同居でもなく、完全な別居ではない」状態が、どのようなものなのか、具体的に理解してもらうために。

民生委員、町内会役員、ケアマネージャー、父が利用している施設の職員……。いったい何人が、私が週末の何時発の上り新幹線によく乗っていることや、会ったこともない私の娘の年齢と住所について、知っていることだろうか。

＊絆婚ブームの裏にあるもの

震災後に「『絆婚』ブームが起きている」と騒がれた時期があった。震災によってあらためて「人間はいつ死ぬことになるのか、わからない」と痛感した人や、被災生活の助け合いのなかで人間同士のつながりの重要性を実感した人が、恋人との結婚に踏み切ったり、結婚相手を探そうと結婚相談所に登録したり、ということが増えたと、報道されたのだ。

結婚したからといって、その相手につねに支えてもらえるとは限らない。「絆婚」とは逆に、それまでの不和が避難生活のなかでより顕在化したり、避難生活のストレスがＤＶに発展したりして離婚、というケースも少なくなかったと聞く。また、震災のような大規模な災害の場合は、家族内での支え合いだけで何とかなるものではなく、結局は行政や支援ＮＰＯのような社会的サービスの利用が不可欠である。

しかし、それでも多くの人たちが、「いざというときに、家族というものが存在していないと不安」と感じる理由のひとつに、私たちが社会的サービスを利用することは私たちのプライベートが他者に知られていくことと不可分だ、という事情があるのではないだろうか。それは単に、「お上（国家）に個人情報を知られたくない」というレベルだけの問題ではない。

ケアを「家族」がかかえこむのではなく、さりとて肥大した官僚制「国家」にゆだねるのでもなく、「市民社会」や「公共」にひらいていく……と議論するときに、私たちは「公共」的な各種団体が、何かの拍子に各個人に対する権力装置に変化しうるということを、忘れがちである。戦時体制下の日本を想起すれば、学校も、職場も、支援ＮＧＯのような民間の扶助団体や近隣住民ですら、ときと場合によっては行政と区別のつかない権力装置に変化しうる。私の友人が懸念するように、たとえ平和な時代においても収集されたプライバシーはお金に換えられ、ネットなどに拡散し、一度拡散すれば元々の持ち主のコントロールの及ばないところで利用されてしまう。

そのことを私たちは、ふだん明確には意識しなくとも、どこかで感じている。だからこそ、それらの団体や人びとに己のプライベート情報が集積されていくことにも、怖れを感じずにはいられないのだ。

プライベートをともにする人とのあいだでは、ケアを受けるうえでプライベート情報の新たな拡散は生じない。父の介護を私がすべてかかえこんでいるかぎりにおいて、父の要介護度がどう変わろうが、誰かに父や私のプライベート情報を話さねばならないことなどない。私たちが親密圏の外からケアや支援を受けることに感じる抵抗感は、単なる家族主義の名残だけではなく、プライベートな時間を共有してもかまわないと感じられるほどに親密な人たち以外へ、自分たちのプライベート情報が拡散していくことに対する抵抗感でもあるのではないだろうか。

「これまでプライベートだと思ってきたものが、他者の知るところとなること」が、どの程度進んでいくことが望ましいのか。私の胸の中で結論は、まだまだ出そうにはない。

(1) みわよしこ『生活保護リアル』日本評論社、二〇一三年、今野晴貴『生活保護――知られざる恐怖の現場』ちくま新書、二〇一三年、など。

(2) 雇用の流動化により従来とは異なる形態での働き方(業務請負、派遣契約など)が増加するにしたがい、そのような労働者自身および使用者の責任をどう考えるべきかという議論は、二〇〇〇年代以降盛んとなっているが、NPOにおける労働にまで射程を及ぼしたものは少ない。数少ない議論としては、渋谷典子「NPO『活動者』と労働法のあり方――有償ボランティアを手がかりとして」『年報・中部の経済と社会』愛知大学中部地方産業研究所、二〇一三年、など。

3　生の公共性

＊「親家片」の大変さ

「親の家を片付ける」、略して「親家片《おやかた》」についての書籍やテレビ番組、ネットコンテンツ(1)などがちょっとしたブームらしい。私自身、岩手で老父の介護をしていて、失禁の始末や食事作り、通院の付き添いなどももちろん大変だが、日々の「片付け」の大変さが案外一番こたえる。散歩に行っては百円均一ショップで、爪切りや糊、はさみなど同じものを何度も購入するのは、高齢者ならば仕方ないと思いたい。でも、それぞれの品で引き出しひとつが一杯になるほど溜まってしまうと、処分作業が追いつかない。あちこちで名誉職に就いていた父には、さまざまな地域団体やかつての職場から、折にふれてニュースレターや行事参加を誘う手紙が届く。しかし、物事が億劫になり、封書を開いて読む気力のなくなってきた父は、それらの封筒をダイレクトメールなどとともに乱雑に机に積み重ね、その隙間にお茶菓子や配食サービスの弁当などが埋もれ、しだいに腐り、異臭を放ち始める。

引退後にも行事への参加を誘ってくれる場がたくさんある父は、高齢者のなかでは恵まれているほうなのだろう。父自身に開封する気力がないのであれば、私が開封して日時や場所をチェックし、付き添いのヘルパーを手配して、行事に参加できるようにしたほうが、父も旧交をあたため、自宅の外の世界と関わり続けることができる。だが、私自身の気力体力が追いつかない。

週末に東京宅に戻り、そこでも洗濯や掃除や子どもの学校行事へ出席し、岩手に戻ってみると、数日しか経っていないのに封書の山も百均ショップ商品の山も確実に増えている。高齢のせいで嗅覚が鈍っているのか、脳梗塞の後遺症なのか、かなり強い腐敗臭がしているのに、父は気にする様子もない。たまに封書の山のあいだからお茶菓子が顔を出すと、腐っているかどうか確かめもせずに、口に入れようとする。

いつ父が食中毒に倒れるか気が気でない私は、できることなら封書という封書を開封もせずに即座に捨てて、放置されている食物を見つけやすくしたい。けれども、役所から更新時期のたびに郵送されてくる介護保険証や健康保険証、銀行や証券会社からの各種通知、親戚から父あての手紙なども一緒に混然と積まれているから、そう簡単にはいかない。

＊「金融ビックバン」以降の高齢者問題

父あての封書を整理するようになって以来、銀行や証券会社から届く、父の購入した金融商品に関する通知(「取引残高通知」「運用実績のお知らせ」など)の多さには驚かされた。

いわゆる「金融ビッグバン」以降、銀行や郵便局の窓口でも元本が保証されない金融商品が手広く取り扱われるようになり、父のような高齢者が購入を勧められる機会も増えた。「金利が低い現在、貯金しているだけでは老後資金は目減りしてしまう」と不安をあおられ、あそこの金融機関で外国債を購入し、さらに数カ月後にはこちらの金融機関で株のラップ商品（顧客は基本的には運用方針のみを金融機関に伝え、その方針に沿うかぎりでの具体的な投資や資産運用は金融機関に一任運用する、包括的な金融サービス商品）を購入し……という具合で、さまざまな金融機関から多種多様な通知が届く。全体としてどのような資産運用になっているのか把握は困難で、実は父自身もよくわかっていない。

金融商品を購入できる老後資金があること自体、恵まれていると言えるし、高学歴で長年教職に就いていた父は、高齢者のなかでは比較的、金融商品のしくみを理解できる知識をもつほうではある。だから、金融機関に騙されて購入したとまでは言い切れない。しかし、金融市場の動向をチェックして、保有する金融商品の運用を適宜決断し、金融機関へ自分から売買の指示を出すような、「マネーゲームにおける自立した主体的なプレーヤー」には、ほど遠い。

成年後見制度の利用も考えたが、その場合でも山のような封書を開封し、後見人にチェックしてもらえるように整理するという作業は私がせざるを得ないわけで、負担が激減するというほどでもない。どうしようか迷っているうちに父の足が弱り、独りでふらふらと銀行や郵便局に行っては金融商品や保険を勧められて購入してしまう、ということもなくなってきた。

そこで成年後見制度の利用は見送ったが、父が比較的まとまった金融商品を購入している某金融機関には、金融商品の売買における「同意人」を登録する制度がある、ということがわかったので、そこには私を「同意人」として登録することにした。しかし、「同意人」による確認が必要な判断能力の持ち主が、元本の保証されない金融商品を保有し運用するということ自体、本来は変ではないだろうか。

＊自己決定権の微細な侵害

かといって私が、父に金融商品の処分を強く迫れないのは、父の判断能力がすべて失われたわけではなく、自分が築いてきた財産や生活をどうしていきたいのかという希望は、基本的には尊重されるべきだと思うからだ。だが、「どのくらいの種類の、どのようなリスクのある金融商品が、どのくらいの金額あるのか、わけがわからない状態で保有されている」というのを、「大量の百円均一ショップの爪切りや、どこで買ったかわからない土産物の人形や、もう身につけることのないだろう若いころのスーツやネクタイがグジャグジャに積み重ねられたごみ屋敷に住むことになっても、自分が築いてきた財産や生活をどうしたいかは本人の希望しだいだ」というのと、同じ次元で考えてよいものだろうか、悩ましい。

いや、そもそもごみ屋敷化の問題にしても、ウィーク・デイだけとはいえ父と同居している身としては、封書や脱いだワイシャツが山のように折り重なった間から配食サービス弁当の腐敗臭が漂ってくるなかに、仕事で疲れた身で帰宅するというのは、とくに夏場は正直耐え難い。

腐敗臭が隣の家にまで流れ出てしまったら、「父の生活をどうするかは、基本的には父の希望を尊重してやりたいんです」と澄ましていてよいものなのだろうか。

もちろん、私には父との同居を解消することもできる。たまたま単身赴任先が実家の近くだったので同居し、世話をすることになったが、私は別にアパートなどの部屋を借り、父の世話についてはヘルパーを雇えばよい。ヘルパーは腐敗臭が漏れてくる物の山を「片付けましょうか?」と父に尋ね、父は「いつか自分で整理するから、そのままにして、捨てないでおいてくれ」と言うだろう、いま私に言っているのと同じ口調で。

私は、それを「父の希望だから」と「尊重」する。たまに様子を見に実家に寄るときに嗅ぐ程度なら、「腐敗臭もまあ仕方ない」と思っていられるだろうし、隣の家から私あてにクレームが来ても、「なにぶん同居していないので……」とやり過ごせばすむかもしれない。私がそうしたいと言えば、元々気ままな生活が好きで、あれこれ指図されるのが嫌いな父は、きっと「いいよ」と言うだろう。

原理主義的に「父の希望を尊重」しようとしたら、ひたすら腐敗臭に耐えてごみ屋敷に同居するか、そうでなければこんなふうに別居するしか、解決策はない。逆に言えば、父あての封書を勝手に開封し、父が食べようとする腐りかけのお茶菓子を取り上げて捨て、父の金融商品の運用を監視するという、「自己決定権に対する、日々の微細な侵害の累積」のうえに、私と父の同居生活は維持されているのだ。

だが、それが「微細な」ではなく「重大な」侵害へと拡大していかないという保証は、どこにもない。どこまで勝手に父に関することを決めてしまったとき、「微細な」侵害から「重大な」侵害へと、踏み越えるべきでない境界を私は踏み越えてしまったことになるのだろうか。

＊「自己決定能力の不十分さ」に立ち会う

金井淑子は、「弱いパターナリズム」や「女《わたし》／母の身体性」という、フェミニストから何らかの批判が出てしまうことが最初からわかっている言葉をあえて用いて、何とか議論を組み立てようともがいている(2)。それは、このような「親密な者に対する、日々の微細な侵害の累積」抜きに親密圏は営み得るのか、「微細な」侵害と「重大な」侵害とのあいだに何らかの境界を引き得るのだとしたら、どのような論理にもとづいて線引きをし得るのか、ということなのではあるまいか。私が父との生活に悩むあまり、金井の著書を誤読しているだけなのかもしれないが。

父についてだけではなく、娘についても、私が「娘の自己決定権に対する、日々の微細な累積の侵害」をしていない、と言ったら嘘になる。もちろん、娘は未成年なので自己決定する能力が十分ではないから、それを補う範囲で娘について決定を下すことは、必ずしも彼女の自己決定権の侵害ではないだろう。しかし、私が常に、娘の発達レベルを適確に認識しており、自己決定権の未成熟さを補う範囲を超過して決定を下してはいない、と言い切れるかというと、正直自信があるわけではない。

そもそも「常に自己決定能力が十分な状態でいられるとは限らない」のが、人間というものである。しかも、親密な者の「自己決定能力が十分ではない状態」に立ち会ったとき、親密であるがゆえに人は、その場から立ち去ることを簡単には決断できない。立ち去らずに、「自己決定能力が十分ではない状態」の親密な者と日々を過ごし続けるならば、それは親密な者の自己決定権の「微細な」侵害の日々にしか、ならないのではないだろうか。

「重大な」侵害へと、踏み越えるべきでない境界を踏み越えることを怖れながら、親密な者の「自己決定権が十分ではない状態」に立ち会い続けること。育児や介護は、そのような立ち会いのある種の典型であり、そのような立ち会いを経験することによって培われる身体性が、金井が「女《わたし》／母の身体性」と名づけているものではないか、という気が私にはするのである。

字の読めなかった祖母の自己決定能力

「自己決定能力が十分ではない状態」は、本人の心身状態によって一義的に決まるわけではない。金融商品に関して父は「自己決定能力の十分でない状態」だが、おそらく金融ビックバン以前であれば、それなりに自己決定を行えたはずだ。「取引残高通知」や「運用実績のお知らせ」などの、金融商品に関する通知も、これほどまでに大量に送付されてくることもなく、封書の山は現在の三分の一くらいでおさまり、私が腐ったお茶菓子を見つけるのも、もう少し簡単だったのではないだろうか。

そういえば、アニメ映画『となりのトトロ』に出てきそうなのどかな広島の農村に住んでいた母方の祖母には、ほとんど封書が送られてきていなかった。近くに店もなく、自分で作った野菜や米を食べ、たまに足りないものを定期的に巡回してくる行商のトラックで買うくらい。近隣は本家だの分家だのと縁続きばかりで、バイクでやってくる郵便配達員は数少ない「親戚以外の来訪者」であり、夏の暑い日などは麦茶も出されて、玄関先で祖母としばしば世間話をしていたが、届けられた郵便物自体はごくわずかだった。

そういう世間話は、八〇歳を過ぎても毎朝畑に行って野菜の手入れをしていた祖母の数少ない娯楽のひとつだったが、そのときも祖母はもっぱら聞き役だった。いつもニコニコ笑っており、決して偏屈ではなかったが、車を出してデパートのある市街地まで遊びに行こう、というときには、決まってひとり留守番をしていた。そんな祖母は、小学生の私が寝転がってマンガを読んでいても、「ケイちゃんは、いつも本を読みよるンじゃねぇ。勉強しよって偉いねぇ」と、嫌味や反語ではなく心から嬉しそうにしている。私はそれを不思議に思っていた。

祖母が、明治末に生まれて豊かではない農村で育った女性たちの例にもれず、カタカナくらいしか字が読めないのだ、ということを母が教えてくれたのは、しばらく経ってからである。だからマンガを読むことすらも、祖母には心底「勉強」に思えていたのだ。「おばあちゃんにはカナで手紙を書いてあげたほうがいいの?」と聞いた私に、母は言った。

「お前からの手紙に漢字が多ければ多いほど、おばあちゃんは『うちの孫はこんなにも難しい字をたくさん知りよる』って喜ぶから。むしろ辞書を引いてでも、できるだけ漢字を使って手紙を書いてあげなさい。(祖母と同居している)伯母さんが、おばあちゃんに読んで聞かせてあげるから大丈夫」

祖母は、役所への届出や契約書に署名捺印をするなどの際は伯母夫婦の助けを必ず借りねばならなかったけれど、字の読めないことの多い農村の老婦にダイレクトメールを送りつける会社も、ほとんどなかった。祖母が字を読めないことを知っている親戚たちは、用事はほとんど電話ですませ、私を含む孫たちからの手紙が、祖母に届く数少ない郵便物の大半を占めていた。祖母は晩年まで家事や畑仕事をし、最後の数週間だけ入院してこの世を去ったが、私がいま苦労しているような、百均グッズや封書の山、あるいは腐敗臭との戦いが生じることは、最後までなかったのである。

＊関係性的なものとしての自己決定

字の読めない人が減る、すなわち教育水準が上昇することは、人びとの自己決定能力を強めるように思える。しかし、「あなたたちは教育を受け、字も読めるはずだから、処理できるのが当然でしょう」とばかりに送りつけられる、金融機関や役所からの封書の山をながめていると、自己決定能力というのは、特定の知識やスキルなどの実体的なものではなくて、関係性的なもの、ひとりひとりが習得する個人的なものではなくて、さまざまな人間関係や社会状況の中から生み出される公共的なものなのではないか、という気がしてくる。

震災以降、ストレスからアルコール中毒になったり、うつ病を発症して自殺する被災者が出ることに、注目が集まった。そのたびに、「支援制度があるのに、どうしてその情報が被災者に届かなかったのか」などと話題になる。だが、気力が失せていれば、たとえ耳元でその情報をささやかれても、それが自分の必要としている情報なのかどうか理解できなくなり、選択する必然性のない誤った判断を下し、陥る必然性のない悲観と絶望へと落ち込んでしまうものなのだ。

そして、その気力は、判断の材料となる知識やスキルを災害前に豊富に獲得していれば喪失しにくいのかといえば、そんな単純なものではない。獲得したつもりの私たちの自己決定能力も、災害などで明日にでも低下したり喪失してしまう、はかないものである。どのように備えようとも、誰もが「自己決定が不十分な状態」に陥る可能性をもっている。

そのとき私たちは、どのように互いの「自己決定能力が不十分な状態」に立ち会えばよいのだろうか。限られた「自己決定能力が十分な者」が他の「自己決定能力が不十分な者」のことを何でも決めてしまうのではなく、「自己決定能力が不十分な者」同士が寄り添いながら、しかし何からの決定を下しながら、被災後のコミュニティを再構築していくことは、可能なのだろうか。

デイケアやショートステイの利用などの試行錯誤を重ねたのち、父はケア付きの高齢者向け住宅に入居することになった。大便の失禁も起こるようになり、尿失禁だけのときのようにオムツを付けたまま何時間も放置することはできず、昼間に自宅で父が独り過ごすあいだに私は職場に行く、というのが難しくなったためである。

いまのところは幸い、施設の生活に馴染んでいる。他の入所者の九割が女性であり、おしゃべりで社交的な彼女たちや施設職員に「先生、先生」とおだててもらって、機嫌よく過ごしているらしい。個室なのでそこがごみ屋敷化するのではと懸念したが、職員は買ったまま目を通さない週刊誌などが父の部屋にたまってくると、「これ、捨てましょうね」と上手に声をかけ、父も「ここは自宅ではない」という意識があるせいか、「捨てるな」とは言わないようだ。

父がいなくなった自宅には、あいかわらず金融機関や役所の通知や、比較的富裕な高齢者を狙ったダイレクトメールが大量に送られてきて処理が追いつかず、未開封の封書を入れたダンボール箱がいつまでもなくならない。だが、食物が放置されることはなくなり、腐敗臭もなくなった。

自宅にいるときのように、自由気ままにふらっと百均ショップに行くこともなく、好きなお茶菓子を買って置き忘れ、腐らせることも、もうない。それを、父の自己決定権に対する侵害ではないと強弁する気はないが、施設職員や私という「ケアする側」が、ケアする側の都合だけで物事を決めている、というわけでもない。

施設に入居し、決められた献立しか食べられないが、その代わり腐敗臭を発生させることもなく、お隣の入居者との関係は良好だ。共有スペースのテレビで、クイズ番組を他の入居者と一緒に見ている父を眺めていると、父は「『いつ百均ショップに行って何を買うのかは、自分で決める』という自己決定権」と引き換えに、「お隣の入居者たちとの社交の輪に加わることを承認される」という存在の公共性、「父という人間の『生』」の公共性を保持し続けられているのではないかと思えるのである。

（1）主婦の友社のＨＰによれば、この問題をもっとも早く取り上げたのは同社発行の五〇代以上向け女性雑誌『ゆうゆう』二〇一一年二月号である。その後数回の特集を経て、『親の家を片づける』（二〇一三年）にまとめ刊行。大きな反響をよび、二〇一五年までに計七冊の関連本が刊行されている。

（2）パターナリズム（他者がとる行動や判断に対して、その行動や判断が第三者の権利を侵害していないにもかかわらず、ある規範や価値にもとづいた干渉を行うこと）をめぐっては、他人の権利を侵害しないかぎりそのような干渉は許されるべきではないという主張がある一方で、自らの生命を危険にさらすなど判断能力の減退や未成熟が認められる場合には、強制的に保護するなどの一定の干渉はやむを得ないという主張もあり、現在に至るまでさまざまな議論が重ねられている。「弱いパターナリズム」とは、後者、すなわち一定の干渉はやむを得ないという主張においてしばしば用いられる概念である。歴史上、女性はしばしば判断能力が不十分な存在とみなされ、夫や父親の決定に従うべきものとされてきたため、フェミニズムにおいてはパターナリズムに対する警戒感が強まらざるを得ない。とりわけ、避妊や中絶、売春、生殖技術（代理母や卵子売買）などをめぐる「女性身体の自己決定権」をどう考えるかについては、近親男性からのみならず国家や資本主義からの介入もまねきかねないものとして、パターナリズムを原則否定する立場も強い。その一方で、「自らの身体について常に決定を下し得る主体」という主体観自体が、身体を自由にコントロールできる単なる「モノ」であるかのように扱おうとする、男性的な主体観ではないのか、という批判もある。このような批判においては、「子」という他者と切り離しきれない妊娠中の「母」の身体のあり方に注目することで、新たに「親密な者や自分の身体という『身近な他者』とは切り離されることができず、それへの配慮（ケア）を捨てきれない主体」の形成の可能性を模索しようという主張もみられてくる。金井のいう「女／母（わたし）の身体性」とは、そのような新たな主体形成の基盤となる身体性のことを指す。詳しくは金井淑子『依存と自立の倫理――「女／母《わたし》」の身体性から』（ナカニシヤ出版、二〇一一年）、『倫理学とフェミニズム――ジェンダー、身体、他者をめぐるジレンマ』（ナカニシヤ出版、二〇一三年）などを参照のこと。

おわりに

フェミニズム・親密圏をめぐる重要な問題であるにもかかわらず、本書で十分に取り上げられなかったことのひとつに、「死」がある。私は一年ほど前、身近な人の死を立て続けに経験した。夫の両親である。とりわけ義母は、「健康オタク」とすら呼べるほど健康管理に気を遣っていたので、誰もが長生きすると考えていたと思う。ところが、医師の見落としで癌が末期になってから見つかり、約半年の闘病で急逝した。

かつて私は最初の単著『近代日本の父性論とジェンダー・ポリティクス』（作品社、二〇〇四年）のあとがきに、「ポスト近代家族・ポストファミリーを希求することすらも、いつのまにかジェンダーへの別のかたちでの自らの囲い込みに終わるような泥沼のなかにしか、私たちは存在していないのでないだろうか」と書いた。それは、常勤の仕事もなく、保育所の延長保育を利用する十分なお金もなかった当時、義母が「かわいい孫のためだもの」と言っては、幼い娘の世話を長時間無償で引き受けてくれなかったら、近代家族批判論を展開した拙著をまとめることなどできなかった、ということを念頭において書いた文章である。義母が社交的で趣味も多かったにもかかわらず、「孫のためであれば、自分の楽しみは後回しにしなければ」と、内面化した近代家族イデオロギーに沿った行動をとるのを、ずるくも私はそれと知りながら利用していた。

いよいよ余命わずかとなったころ、住み慣れた家で残された時間を過ごすための退院許可がしばしば出され、義母は自宅へ、そしてしばらく経つとまた病院に戻るという日々となった。そんなある日、私の実父が入居している岩手県の施設から電話が入った。実父が高熱を出したという。

「救急車を呼びたいが、サービス付き高齢者向け住宅には夜間の職員は一人しかいないため、(1)付き添いで救急車に同乗すると施設に職員が不在になってしまう。今から岩手に来てもらえないだろうか」

夕方の六時ごろだったので、乗車できる新幹線はまだ一、二本あった。だが、余命わずかな義母が自宅に戻って貴重な時間を過ごしているにもかかわらず、彼女の世話をしたり共に時間を過ごしたりせずに、高熱を出しているとはいえ実父の世話をしに行くのは、ためらわれた。義母が病院に戻るまでの数日間、実父にひとりで入院してもらうわけにはいかないのかとも考えたが、患者の家族なり施設職員なり誰かが同乗しないと、そもそも救急車が病院に向かってくれないのだ、と電話口の施設職員は言う。(2)仕方ないと岩手に向かうことを決意し、ベッドに横たわる義母に事情を話して詫びを言うと、義母は微笑し、しみじみした口調でこう言った。

「ケイコさんも、われわれ三人が片付くまで、大変ねぇ……」

三人というのは、私の実父と義父、そして義母自身を指しているにちがいなかった(実母は、一〇年ほど前に他界していた)。義父母と実父とはそれほど顔を合わせる機会があったわけでもなく、親しみを感じていたわけではないだろうが、私に何がしかの介護負担がかかる、という意味では仲間のようなものだと思ったのだろうか。それにしても、「片付く」という言葉は、何とも寂しい。

本書は、NPO法人アジア太平洋資料センター(PARC)発行の雑誌『オルタ』の、二〇一〇年七・八月号~二〇一二年五・六月号に、「ゆらぐ親密圏——〈わたし〉と〈わたし・たち〉の間」というタイトルで連載した文章に加筆し、一部書き下ろしも加えたものである。もう少しがんばって、義母の生前に上梓し、彼女への謝辞を書き添えれば喜んでもらえただろうと思うと、申し訳なくてならない。

本書は彼女をはじめ、さまざまな人からの助力を得て成り立っている。ひとりひとりへのお礼を書く紙幅は残念ながらないが、連載中にお世話になった『オルタ』編集部各位と、単行本としての出版をお引き受けくださり、加筆にきめこまやかなアドバイスをくださったコモンズ代表の大江正章さんには、この場を借りてとくにお礼を申し上げたい。

「はじめに」でも書いたように、本書は私自身の体験を元にしており、登場する人物も実在している。ただし、ひとりひとりから私の文章に登場してもらうことに許可をもらったわけではない。人物が特定されるような記述は避けたつもりだが、万が一迷惑がかかるようなことがあれば申し訳なく思う。そして、さまざまに興味深い体験をさせてくれた彼(女)らに、心から感謝を申し上げたい。

ジェンダー研究は比較的、自分の体験を学術論文にも生かしやすい分野ではないかと思う。それでも、論文という形式をとろうと思えば、論証に十分な量の証拠や資料を集め、研究者以外にとっては読み慣れない、精緻な分析や検討を行う文章を書き連ねねばならない。研究者としてはそのような論文や専門学術書の執筆を最優先すべきだ、との批判もあろう。学生時代の指導教員(元・お茶の水女子大学ジェンダー研究センターの原ひろ子・舘かおる両教授)をはじめ、学会や研究会などの場でお世話になり、研究上のチャンスなどを与えてくださっている諸先生方は、二冊目の専門学術書を書かないうちに本書のような一般向け著作に時間を使っている私のことを、冷や冷やしてご覧になっているのではないかと、これまた申し訳なく思う。

だが、ジェンダー研究者であると同時に、常にフェミニストでもあるべきだ、ということもまた、諸先生方より教わったことだと私は思っている。個別のお名前を挙げて感謝申し上げる紙幅はないが、本書の注釈などにお名前を挙げさせていただいた、たくさんのジェンダー研究者・フェミニズム研究者の方々のあたたかな励ましのなかで、私が本書の執筆をはじめとする活動を行い得ていることを特記したい。

本書の最終的な脱稿を私は、ボルドー・モンテーニュ大学の客員研究員としてフランスに滞在するあいだに行うこととなった。いろいろあったけれど、在外研究に従事できるようになるまで仕事を続け、本書刊行にも至ることができたのは、職場である岩手大学の同僚、とりわけ女性教員各位に、本書でも描いたいわゆる「仕事と家庭の両立」の苦闘の日々を、さまざまなかたちで支えてもらえたからである。しかも、それは現在も続いている。深謝申し上げたい。

ほかにもお礼を申し上げたい方々にはきりがない。最後に、私が個人的体験を元に本書を書いたことによる、おそらく最大の被害者となってしまうであろう娘と夫に、心からのお詫びと日頃の感謝を述べて筆を置きたい。私の視点からの記述に異論反論多々あるだろうが、どうか心広く許し、これからも私のかけがえのない「親密な者」であり続けてほしいと願っている。

(1) サービス付き高齢者向け住宅は特別養護老人ホームなどとは異なり、ある程度自立した生活を営む能力が残っている高齢者が入居するものとされているため、このような職員配置基準となっている。夜間に職員一名というのは、公的な基準に則っているのである。
(2) 後日あちこちに問い合わせてわかったことだが、救急車自体は付き添いが不在の患者の搬送を拒否するわけではない。ただし、付き添いがいない患者には発症した際の状況や普段の健康状態などについての情報が不足し、不適切な治療をしてしまうおそれがあるので、少なからぬ病院が患者受け入れを拒否し、結果的に病院への搬送は困難になるのだという。

二〇一六年三月

海妻径子

ま行

や行

ら行

わ行

た行

な行

は行

索　引

〈著者紹介〉

海妻　径子（Keiko Kaizuma）

1968年生まれ、お茶の水女子大学大学院博士課程単位取得満期退学。博士（学術／Ph. D. of Gender Studies）。岩手大学人文社会科学部准教授。専攻：ジェンダー研究・男性史・家族論。著書：『近代日本の父性論とジェンダー・ポリティクス』（作品社、2004年）。共著：『ジェンダー・フリー・トラブル――バッシング現象を検証する』（木村涼子編、白澤社、2005年）、『男性史3「男らしさ」の現代史』（阿部恒久・大日方純夫・天野正子編、日本経済評論社、2006年）、『身体とアイデンティティ・トラブル――ジェンダー／セックスの二元論を超えて』（金井淑子編著、明石書店、2008年）、『社会学ベーシックス5近代家族とジェンダー』（井上俊・伊藤公雄編、世界思想社、2010年）、『近代世界システムと新自由主義グローバリズム――資本主義は持続可能か？』（三宅芳夫・菊池恵介編、作品社、2014年）ほか。訳書：ジョージ・L・モッセ『男のイメージ――男性性の創造と近代社会』（細谷実・小玉亮子との共訳、作品社、2005年）。

ゆらぐ親密圏とフェミニズム

二〇一六年五月一〇日　初版発行

著　者　海妻　径子

発行者　大江正章

発行所　コモンズ

東京都新宿区下落合一—五—一〇—一〇〇二

TEL〇三（五三八六）六九七二

FAX〇三（五三八六）六九四五

振替　〇〇一一〇—五—四〇〇一二〇

info@commonsonline.co.jp

http://www.commonsonline.co.jp/

印刷・東京創文社／製本・東京美術紙工

乱丁・落丁はお取り替えいたします。

ISBN 978-4-86187-113-9 C 0036

＊好評の既刊書